사장의 시간학

불 황 속 에 서 도 살 아 남 는

사장의 시간학

|유성은 지음|

팬덤북스

사장의 시간 관리가
회사를 살린다

훌륭한 인생을 위한 가장 효과적인 방법은 시간을 잘 관리하는 것이다. 각 분야에서 성공한 사람들은 예외 없이 시간을 잘 관리했다. 시간은 각자에게 주어진 가장 가치 있는 자원이다. 시간을 잘 활용하는 사람이 성공적이고 행복한 삶을 창조한다.

세상 모든 사람이 시간을 선용하거나 오용 혹은 남용하며 살아간다. 깊이 통찰하기 전까지는 자신의 잘못된 시간 관리를 깨닫지 못한다. 시행착오나 시간 낭비를 반복할 수밖에 없다. 우리는 시간 관리 습관을 진지하게 살펴 효율적인 방식을 찾아야 한다.

효과적으로 시간을 관리하는 원리와 기술을 익히면 삶에 긍정적인 변화가 생긴다. 삶에 질서가 잡히며 조급증에서 벗어나 여유를 얻을 수 있다. 계획한 일을 주어진 시간 안에 달성할 수 있다. 사장에게 시간 관리 능력은 무엇과도 바꿀 수 없는 귀중한 자산이며 무기이다. 사장의 시간 관리 능력이 회사의 운영과 비전, 직원들의 삶에까지 영향을 주는 것은 자명한 사실이다. 자영업을 하는 사장이나 수만 명의 직원을 거느린 대기업 회장이나 마찬가지다. 모든 사장은 자신의 책임을 다하며 성과를 올리기 원한다. 대개 사장들은 매우 바쁘다. 제한된 시간 안에 동시 다발적으로 많은 일을 처리해야 한다. 달려가는 시간을 붙잡아야 한다. 늘 시간에 쫓기며 때로는 너무 바빠서 눈이 핑핑 돌아가고 정신이 나갈 지경에 이르기도 한다. 목표를 달성하지 못하면 무기력감에 빠지거나 탈진해 신세를 한탄하기도 한다.

만약 위의 상황과 자신의 처지가 비슷하다면 시간 관리에 변화를 주기 바란다. 시간에 끌려가는 것이 아니라 다스리는 방식을 터득해야 한다. 시간 관리법을 터득하면 중요한 일에 시간을 충분히 낼 수 있으며 어려운 상황에서도 돌파구를 찾아낼 수 있다. 시간을 생산적으로 사용하겠다는 의욕만 가져도 올바른 방향으로 나아가게 된다. 《사장의 시간학》은 사장의 시간 관리 능력 향상에 도움이 되는 원리와 기술을 설명한 책이다. 원리와 개념을 분명히 파악한 뒤에

6

각자의 업무와 삶에 적용하여 효율을 높이는 것이 순리이다. 꾸준히 습관을 들이다 보면 눈에 띄는 변화에 점점 재미가 붙고 확신이 생긴다. 사장의 변화가 곧 회사의 변화이다. 사장뿐만 아니라 사내의 전반적인 시간 문화 향상을 위해서는 꾸준한 노력이 필요하다.

《사장의 시간학》을 바탕으로 각자에게 가장 알맞은 시간 관리법을 창안하기 바란다. 불확실한 미래와 급변하는 사회 속에서 시간 관리는 보다 체계적으로 개선되어야 한다. 각자의 개성과 삶의 목표에 맞는 시간 관리법을 개발해야 한다. 자신에게 맞는 시간 관리법으로 매 순간을 효율적으로 대처하기 바란다. 특히 이 책은 관리자 혹은 창업했거나 창업을 준비하는 이들에게 유용할 것이다.

우리는 복잡하고 변화무쌍한 사회에서 살고 있다. 무한한 가능성과 기회가 열려 있는 세상에서 살고 있다. 일의 성과는 시간 관리를 어떻게 하느냐에 따라 달려 있다. 시간 관리 혁신을 위한 첫발을 과감히 내딛기 바란다.

끝으로 책의 출간을 위해 수고를 아끼지 않은 팬덤북스의 박세현 대표님과 직원들께 깊이 감사드린다.

2014. 신록의 계절. 저자 유성은

contents

방법을 아는 것은 좋다. 이유를 아는 것은 더 좋다. 때를 아는 것은 가장 좋다.
Know-how is good, know-why is better, know-when is best.

사장, 당신의 시간은
어디로 흘러가고 있습니까?

지금 이 순간에도
시간은 흐르고 있다

시간은

기다리는 이들에게는 너무 느리고

두려워하는 이들에게는 너무 빠르며

슬픔에 잠긴 이들에게는 너무나 길고

기뻐하는 이들에게는 너무 짧다.

그러나 사랑하는 이들에게

시간은 영원하다.

― 헨리 반다이크, 〈시간은〉 ―

시간이란 무엇인가? 시간의 사전적 의미는 '시각과 시각 사이의 간격 또는 그 단위'를 뜻한다. 사실 시간은 정의를 내리기 아주 어려운 실재다. 종교인, 물리학자, 우주 학자, 기업인 등 분야에 따라 시간을 각각 다르게 정의한다.

종교인은 시간을 '신이 매일 주시는 감사한 선물'이라고 정의한다. 물리학자는 '물리량으로서 객관적으로 정해지고 길이, 질량과 함께 다른 물리 단위를 구성하는 기본 단위'라고 한다. 우주 학자는 '우주 형성의 두 가지 기본 요소 중 하나'라고 주장한다. 우주는 시간과 공간으로 형성되었다는 것이다. 기업인은 '중요한 경제적 자원'이라고 한다. 위와 같이 시간은 관점에 따라 각각 다르게 정의되지만, 본질에 대한 이해는 필요하다.

시간은 어떤 일을 하느냐에 따라 길게 혹은 짧게 느껴진다. 같은 시간이지만, 상황에 따라 다르게 인식하는 것을 '시간착오'라고 한다. 흥미로운 일을 할 때와 기분이 좋을 때는 시간이 짧게 느껴지는 반면 단조롭고 지루한 일을 할 때, 기분이 나쁠 때는 시간이 길게 느껴진다. 아인슈타인은 상대성이론에 대해 다음과 같이 말했다.

"예쁜 아가씨와 앉아 있을 때는 두 시간이 1분처럼 느껴지지만, 이글거리는 난로 옆에서는 1분이 두 시간처럼 느껴진다. 이것이 상대성이론이다."

시간은 모든 것을 변하게 한다. 소년을 노인으로, 미인을 할머니로 만든다. 사람을 태어나게도 하지만, 죽게도 한다. 한 나라의 흥망 성쇠도 좌우한다. 권력자를 권좌에서 밀어내고 모든 것을 변질시키며 역사를 다스리는 등 시간의 작용은 무궁무진하다.

시간을 돈과 연관 지어 생각해 보자. 은행에 복리로 저금하면 시간이 지남에 따라 돈이 눈덩이처럼 불어난다. 아인슈타인은 자신이 발견한 수학적 원리 중 가장 위대한 것은 상대성 원리가 아니라 은행 예금의 복리라고 했다. 빚은 정반대이다. 빚의 원금과 이자는 시간이 지남에 따라 눈덩이처럼 불어나 개인은 물론이고 기업과 국가도 위기에 빠뜨린다. 시간은 사람에게 기쁨과 환희도 가져다주지만, 슬픔과 괴로움을 안겨 주기도 한다.

매우 짧은 시간도 큰 작용을 한다. 시간의 기본 단위는 1초인데 1초 동안 할 수 있는 일은 무척 많다. 1분은 1초보다 훨씬 활용도가 높다. 1분에 비하면 5분은 긴 시간이며 10분과 15분은 더더욱 긴 시간이다. 24시간 중 15분만 꾸준히 활용해도 큰일을 해낼 수 있다.

한 CEO는 업무 시간 중 15분을 하루도 빠지지 않고 독서에 투자했다. 그랬더니 1년 동안 무려 30여 권의 책을 읽을 수 있었다고 한다. 15분은 24시간(1,440분)의 약 100분의 1이다. 지극히 적은 시간이지만, 꾸준히 사용하면 큰일을 이룰 수 있다. 하루 15분만 잘 활용해도 원하는 바를 이룰 수 있으며 유명해질 수 있다. 시간은 부가가치를 낳는다. 젊어서 올바른 곳에 시간을 투자하면 날이 갈수록 이자가 늘어난다. 주어지는 시간을 잘만 활용하면 나중에 성공과 행복으로 되돌아온다.

세계 직물업의 거물 올브라이트 캉은 사업적으로 큰 성공을 거두었지만, 가슴 한편에는 어릴 때 품었던 화가의 꿈이 남아 있었다. 고민 끝에 그는 한 가지 계획을 세웠다. 아무리 바쁘더라도 매일 한 시간씩 그림을 그리겠다고 마음먹었다. 매일같이 그림을 그리는 것이 쉽지만은 않았다. 매일 한 시간 일찍 일어나 아침 식사 전까지 그림을 그렸다. 수년이 지났을 때 결과는 어땠을까. 그가 그린 그림은 많은 사람들의 관심과 사랑을 받았으며 개인전도 몇 차례 열었다. 그림은 높은 가격에 팔리기도 했는데 그는 그림의 수익금을 우수한 예술가 지망생들을 위해 장학금으로 내놓았다.

같은 시간이라도 어떻게 조직해서 활용하느냐에 따라 효과는 다르다. 긴 전화 통화보다는 반복해서 전화하는 것이 상대방을 설득하는 데 훨씬 용이하다. 일정 시간 계속해서 일을 처리할 것이냐, 시간을 나눠서 처리할 것이냐는 방식의 차이다. 일반적으로는 전자보다 후자 쪽이 성공률이 높다. 순수 접촉 시간, 접촉 횟수가 같은 경우에는 간격을 좁혀 수시로 하는 것보다, 간격을 띄워 쉬엄쉬엄 하는 것이 효과적이라고 밝혀졌다. 쉬지 않고 계속하면 싫증이 나거나 감각이 둔화되어 접촉의 신선함을 잃어버리기 쉬운데 시간을 두고 하면 적당한 휴식이 생겨 접촉이 신선하게 다가온다. 대상이 사물이든 사람이든 습관이나 친밀함의 정도는 접촉 시간의 길이보다 횟수에 비례한다. 클래식 음악을 싫어했던 사람도 조금씩 반복해서 듣다 보면 자기도 모르게 친밀감이 생기기도 한다. 위 방법은 인간관계에 적용해도 좋은 효과를 거둘 수 있다.

체코 프라하에는 세계적으로 유명한 천문시계가 있다. 시계는 매시 정각에 작은 창이 열리며 종소리와 함께 인형들이 등장했다가 사라지는데 이 모습은 짧은 순간이지만, 우리에게 교훈을 준다. 정각이 되면 죽음을 상징하는 해골 인형이 움직이며 음악을 연주하는 터키인형, 거울을 보는 인형, 금 주머니를 움켜쥔 유대인 인형이 차례로 등장한다. 각각 쾌락과 허영, 탐욕을 상징한다. '때가 되면 쾌락도 부귀도 아름다움도 아무 소용이 없으니 시간을 보람 있게 써야 한다'라는 메시지를 상징적으로 전하는 것이다.

'철들자 망령 난다'라는 속담이 있다. 인생과 시간의 의미를 알게 되었을 때는 이미 노인이 되었다는 뜻이다.

"시간에 대한 견해는 인격을 분별하는 척도 중 하나이다. 당신이 시간에 대해 어떻게 생각하는지 말해 주면 나는 당신이 어떤 사람인지 말해 줄 수 있다."

철학자 프레이저의 말이다. 철을 아는 사람은 성숙한 사람이다. 자기 나이를 올바로 인식하는 것은 매우 중요한 일이다. 셰익스피어는 다음과 같이 말했다.

"자기 나이를 바로 세는 사람이 없다."

노인은 항상 과거의 일만 생각하기 때문에 미래를 잊기 쉽고 청년은 앞으로 남은 시간이 무한하다고 생각하기 때문에 시행착오가 많고 현혹되기 쉽다.

다음은 다닐 알렉산드로비치 그라닌의 《시간을 정복한 남자, 류비셰프》에 나오는 충고이다.

나이를 먹으면서

우리에게 주어지는 시간은 계속해서 줄어들고

이에 반비례하여 시간의 가치는 더욱 높아진다.

인간이 가진 것 중에서 가장 귀한 것은 바로 삶이다.

그리고 삶 속에서 가장 중요한 것은 시간이다.

왜냐하면 삶을 이루고 있는 것이

바로 시간이기 때문이다.

같은 시간,
다른 개념

나라마다 다른 시간 문화

세상의 모든 사람과 집단, 국가와 민족은 나름의 시간 문화를 가지고 있다. 서로 다른 시간 문화를 연구하는 것은 흥미롭다. 세계를 여행하다 보면 나라마다 시간 개념이 다르고 생활 속도가 다름을 알 수 있다. 각 나라마다 전통과 관습을 바탕으로 시간 문화를 형성하고 있어 어떤 것은 바람직하고 어떤 것은 바람직하지 못하다고 단정할 수는 없다.

수년 전의 이집트 여행에서 겪은 일이다. 안내하는 여성이 이집트 청년과 결혼한 한국인 여성이었는데 다음의 이야기를 들려주었다. 집의 수도관 공사를 하는데 한국에서는 3일이면 끝낼 일을 현지 인부들은 30일 동안 했다는 것이다. 그들은 매일같이 출근했지만, 공사에는 진전이 없었다. 한국에서는 있을 수 없는 일이었지만, 느리게 일하는 것이 관습으로 자리 잡혀 어쩔 수 없었다.

카이로 상점에는 입구마다 차 마시는 장소가 있어 많은 사람들이 시도 때도 없이 그곳에서 차를 마신다. 차를 마시는 사람들의 모습에서 시간이 철철 남아도는 듯한 여유가 느껴진다. 국경을 넘어 이스라엘로 들어가면 완전히 다른 모습이 펼쳐진다. 주위는 깨끗하고 질서 정연하며 삶의 속도가 빨라 긴장감이 감돈다. 이집트와 이스라엘은 인접한 국가라도 시간 문화가 확연히 다르다.

시간의 관념은 문화적 영향이 크다. 시간은 객관적 실재라기보다 일종의 개념이다. 시간을 어떻게 생각하느냐는 계획과 전략의 수립, 각자의 활동을 다른 사람과 일치시키는데도 밀접한 연관이 있다.

미국의 문화 인류학자 에드워드 홀은 문화권에 따라 시간관이 다르다는 사실을 발견하고 단일시간Monochronic time과 복합시간Polychronic time으로 구분했다.

단일 시간 문화권은 시간을 선형적이고 관리가 가능하며 세분화된 대상으로 본다. 영국, 미국, 캐나다 등 앵글로 색슨, 독일, 오스트리아, 네덜란드 등의 게르만, 스칸디나비아 국가들이 단일 시간 문화권에 속한다. 이들은 한 번에 한 가지 일을 처리하는 것을 선호한다. 일에 최대한 집중하며 시간의 흐름에 따라 각 단계별 진행 사항을 미리 규정한다. 효율을 중시하며 변수가 생겨 계획을 망치는 것을 지극히 싫어한다. 단일 시간 문화권에서 시간은 곧 돈이며 한계가 있는 재화이다.

반면에 복합 시간 문화권의 사람들은 시간을 총체적으로 취급하며 수시로 하는 활동을 중요하게 여긴다. 최종 목표는 있지만, 목표에 이르는 데는 대체가 가능한 수많은 징검돌이 존재한다. 최종 목표로 가는 도중에 몇 개의 돌을 뛰어넘을 수도 있다. 복합 시간 문화권에서 시간은 실체로 인식되지 않으며 관리의 대상이 아니다. 위의 관념을 바탕으로 자연 발생적이며 비구조화된 생활양식이 형성된다. 아랍, 아프리카, 스페인, 중남미 등이 복합 시간 문화권의 국가들이다. 대체적으로 그들은 일보다 인간관계를 더 중시한다.

네덜란드의 비교 문화 경영 학자 폰스 트롬페나스는 시간을 사건들이 꼬리를 물고 이어지는 '순차적인 것'으로 보느냐 아니면 미래에 대한 예측과 과거 경험이 결합해 현재의 활동을 형성하는 '동시적인 것'으로 보느냐에 따라 분류하였다.

인류학자들은 문화가 시간을 규정하고 관리하는 방식을 통해 구성원들이 갖는 인생의 의미와 본성에 대한 인식을 가늠해 볼 수 있다고 주장한다. 각 나라마다 시간 문화가 다르기 때문에 특히 기업에서는 해외 사업을 추진할 때 반드시 시간 문화를 참작해야 한다. 위의 기준에서 볼 때 우리나라는 단일 시간 문화권임에 틀림없다. 우리나라는 시계와 달력을 중심으로 돌아가는 사회이기 때문이다.

공동체마다 다른 시간 문화

직장, 사회단체, 각종 모임에는 각각의 시간 문화가 정착되어 있다. 사업체의 경우 일과 인간관계의 중요도에 따라 시간 문화가 다르다. 일이 중심인 경우에는 효율이 중요하기 때문에 시간적 여유가 없다. 반면에 인간관계가 중심인 경우에는 비교적 여유가 있다. 각종 모임의 경우 지도자의 시간 관념에 따라 문화가 형성된다. 모임 시간의 정각에 칼같이 모이는 곳도 있고 15분 혹은 30분 늦게 모이는 곳도 있다. 시간 문화는 각 공동체의 목표와 계획에 따라 형성된다.

개인마다 다른 시간 문화

사람들은 서로 다른 환경 속에서 자라 왔으며 타고난 기질과 성품이 각각 다르다. 어떤 사람은 조급하고 어떤 사람은 느긋하다. 주된 활동 시간이 아침인 사람도 있고 저녁인 사람도 있다. 거주지에 따라서도 시간 문화가 달라진다. 도시에 사는 사람과 농촌에 사는 사람의 시간 문화는 다를 수밖에 없다. 도시에 사는 사람들은 하루 일과를 시계 위에 올려놓고 분 단위로 쪼개 쓰며 조직적으로 움직인다. 농촌에 사는 사람들은 환경과 조화를 이루는 삶의 영향으로 도시에 사는 사람들에 비해 여유가 있으며 계절과 기후에 영향을 많이 받는다.

　남자와 여자의 시간 문화도 다르다. 남자는 한 번에 한 가지씩 처리하는 데 익숙한 반면 여자는 동시에 여러 가지를 처리하는 데 능숙하다. 특히 부부가 쇼핑을 할 때는 속도가 다르기 때문에 차이를 배려하지 않으면 다투기 쉽다.

시간 관리가
사람마다 다른 이유

시간 관리에 영향을 주는 요인들은 다양하다. 시간 관리가 쉽지 않은 이유 역시 영향을 주는 요인들이 많기 때문이다. 다양한 요인들이 상호작용을 이룰 때 비로소 시간이 효율적으로 관리된다. 효과적인 시간 관리를 위해서는 다음의 요인들을 살펴볼 필요가 있다.

습관의 힘

어린 시절 몸에 밴 생활 습관은 시간 관리에 큰 영향을 미친다. 사람은 보통 다섯 살이 되면 인간으로서 갖추어야 할 것이 대부분 완성된다고 한다. 장래의 방향 역시 이때 거의 결정된다. 훌륭한 부모 밑에서 올바른 생활 습관을 기른 사람은 어른이 되어서도 바르게 살아간다. 반대로 어린 시절 방치되거나 과잉보호를 받고 자란 아이는 어른이 되어서도 이기적이고 제멋대로 살 가능성이 높다. 어린 시절에 받은 교육이 삶의 전반에 영향을 끼치는 것이다

습관의 힘은 세다. 속담 '세 살 버릇 여든 간다', '제 버릇 개 못 준다'에는 습관의 힘이 너무나 강해서 고치기 어렵다는 의미가 담겨 있다. 습관은 거머리와 같아서 한번 들러붙으면 잘 떨어지지 않는다. 나쁜 습관일수록 떨쳐 버리기가 더 어렵다.

성격

습관에 따라 성격도 달라지는데 성격 역시 시간 관리에 중요한 영향을 미친다. 시간 관리 유형에 따라 성격을 분류하면 다음과 같다.

생각형은 매사 조심성 있고 심사숙고하는 유형이다. 영리하고 지혜가 반짝이며 모든 일에 계획을 세워서 실천한다. 감정적으로 일을 처리하지 않으며 목표가 분명하다. 간혹 자신과 다른 사람을 보고 비난하는 경우도 있다.

감정형은 따뜻하고 친밀해서 만나면 기분이 매우 좋다. 감정과 애정이 풍부하다. 감정에 치우치기 쉬워 그릇된 결정을 내릴 가능성이 높다.

직관형 중에는 예술가나 발명가가 많다. 이지적이고 새로운 것을 만드는 데 재능이 있다. 예술, 문학, 과학 등의 분야에 종사하는 경우가 많다. 큰 꿈을 갖고 있으며 쉽게 절망하지 않는 대신 매우 변덕스럽다.

활동형은 지극히 현실적이다. 무슨 일을 하든지 결과부터 먼저 생각한다. 오늘 하는 일을 중요하게 여기며 초과 달성하기를 원한다. 일을 맡기면 끝장을 보고 만다. 중도에 그만두는 법이 없다. 자극에 즉각적으로 반응해 '예' 혹은 '아니오'라는 대답이 바로 나온다. 성급하여 일을 그르치기 쉬운 것이 단점이다.

외향성과 내향성의 비율도 시간 관리에 영향을 준다. 외향적인 성격은 적극적이고 명랑하며 활동적인 반면 시행착오가 많다. 내향적인 성격은 차분하고 침착하며 시간을 헛되이 보내지 않는다. 다만 재고 따지는 것이 많아 결단력과 추진력이 약하다.

햄릿형과 돈키호테형으로 구분하기도 한다. 햄릿형은 너무 심사숙고한 나머지 쉽사리 행동하지 못하는 유형이다. 돈키호테형은 과대망상에 빠져 자신이 옳다고 생각한 일이면 앞뒤 살피지 않고 돌진하는 행동파를 가리킨다.

여러 유형 중에서 어느 것이 더 낫다고 할 수는 없다. 각 유형별로 장점과 단점이 존재한다. 중요한 것은 자신의 성격을 올바르게 파악해 단점을 개선해 나가야 한다는 점이다.

환경

주변 환경이라 불리는 집의 형태, 위치, 구조, 온도, 소음의 정도, 조명, 도구, 함께하는 사람 등은 시간 관리에 영향을 준다. 가능한 최상의 환경에서 일할 수 있도록 노력해야 한다. 시간 관리 능력이 아무리 뛰어나도 주변 환경이 정돈되어 있지 않으면 시간과 노력을 낭비할 수밖에 없다.

주변 정리 정돈만 잘해도 업무 효율을 50퍼센트 이상 향상시킬 수 있다. 주기적으로 주변을 정리하는 것은 업무 효율 향상에 큰 도움이 된다.

습관과 성격을 바꾸는 것은 어렵지만, 환경을 바꾸는 것은 비교적 쉽다. 환경에는 폭넓은 개념으로 물리적인 환경, 인간적인 환경, 사회적인 환경 등이 있다. 더 좋은 환경을 찾고 더 나은 환경을 만드는 것은 각자의 몫이다.

건강과 에너지

신체적으로나 정신적으로 건강하고 에너지가 풍부한 사람은 그렇지 못한 사람보다 몇 배 혹은 그 이상의 능률을 올릴 수 있다. 건강관리와 시간 관리는 밀접한 연관이 있다. 질병, 허약함, 수면 부족 등은 일의 능률을 저하시킨다. 건강을 지키며 원기 왕성한 삶을 살도록 자신을 관리해야 한다.

과제의 성격과 시스템

과제의 난이도와, 경험의 유무, 협동인지 개인인지, 전문적인 일인지 보편적인 일인지, 어떤 시스템으로 일을 하느냐에 따라서도 시간 관리가 달라진다. 시간 관리는 업무 상황에 맞추어 개별화하는 것이 필요하다.

목표 의식

무엇을 언제까지 달성해야 하는지 아는 사람은 그렇지 못한 사람보다 훨씬 더 효율적으로 시간을 관리한다. 목표는 시간 관리에서 가장 중요한 개념 중 하나이다. 올바른 목표를 가지면 그것을 이루는 최단 거리를 찾을 수 있다.

감정

심리적 상태 역시 능률에 영향을 미친다. 기분이 좋을 때는 그렇지 않을 때보다 최소 30퍼센트 이상 능률이 향상된다. 인간을 이성적인 동물이라고 하지만, 사실은 감정의 동물에 더 가깝다. 인간은 기분에 좌우되는 대단히 변덕스러운 존재이다. 감정에는 긍정적이고 이로운 감정과 부정적이고 해로운 감정이 있다. 우리는 우세한 감정을 따라 움직이기 때문에 좋은 감정을 유지하며 조절하려는 노력을 해야 한다. 기쁘고 즐거운 마음으로 살며 문제가 발생하거나 변화가 생겨도 침착하게 대응하는 것이 바람직하다.

아이디어와 창의력

아이디어와 창의력은 삶의 모든 영역에서 절대적으로 필요한 요소이다. 시간 관리에도 필수 불가결하다. 아이디어가 뛰어난 사람은 시간과 노력, 비용을 최대한 절약할 수 있다. 작은 일이라도 두세 번 더 생각하고 결정하는 것이 낭비와 재난을 막는다. 모든 일에 아이디어와 창의력을 발휘해 보다 나은 해결 방법을 찾도록 하자.

문화와 전통

인간은 공동체의 구성원으로 살기 때문에 문화와 전통의 지배에서 벗어날 수 없다. 훌륭한 문화가 형성된 사회에서 사는 사람들은 그만큼 효과적으로 시간을 관리할 수 있다. 반대로 억압적인 문화와 전통 아래에서는 자유를 누릴 수 없을 뿐만 아니라 시간 관리에도 제약이 따른다. 속도를 중시하는 문화권에서는 신속하게, 여유를 중시하는 문화권에서는 느릿하게 행동하게 된다.

시간 관리 능력

사람은 태어날 때부터 자신에게 주어진 시간을 관리하며 살아가는데 관리 수준은 각기 다르다. 개인마다 조건이 다르기도 하지만, 교육의 여부와도 관련이 있다. 시간 관리는 과학이자 예술이다. 시간 관리에 대한 책을 읽거나 전문교육을 받은 사람과 그렇지 않은 사람의 차이는 크다. 강에서 혼자 수영을 익힌 사람과 전문가에게 수영을 배운 사람의 차이다. 시간 관리학은 인생 전체를 볼 수 있는 안목을 길러 주며 시간이 지닌 잠재력을 최대로 활용할 수 있는 통찰력과 기술도 제공한다.

잘못된 시간 문화 바로잡기

대한민국＝빨리빨리

한국의 시간 문화를 상징하는 네 글자가 있다. '빨리빨리'.

한국 사회는 무엇이든 빨리빨리 움직이는 것을 장려해 왔다. 한국의 속도 지향적인 문화는 현재의 경제성장을 이룬 원동력이라고 해도 과언이 아니다. 경부고속도로를 2년 5개월에 걸쳐 완성해 세계적인 기록을 세웠으며 하루가 멀다 하고 빠른 속도를 자랑하는 기계와 도구들이 생겨나고 있다. 인터넷과 휴대전화의 발달이 대표적인 예이다. 몇 년 전만 해도 스마트폰을 가진 사람이 거의 없었는데 이제는 남녀노소 없는 사람이 없다. 대한민국의 배달 문화는 신속함과 정확도를 자랑하는데 특히 음식 문화에서 두각을 나타낸다. 한편 식사에서까지 분초를 다투는 것은 '조급함이 우리 몸 깊숙이 배어 있기 때문은 아닐까' 하는 생각도 든다.

우리들은 '빨리빨리 병'에 걸려 있다. 다음은 빨리빨리 병의 특징이다.

- 어떤 일이든 무조건 빨리해야 좋다고 생각한다.
- 목적을 위해서는 수단과 방법을 가리지 않는다.
- 생각 없이 행동에만 초점을 맞추려고 한다.
- 미리미리 준비할 수 있는데도 마감일이 가까워졌을 때 졸속으로 처리한다.
- 업무량과 절대적인 소요 시간을 예측하지 못해서 늘 짧은 시간을 배정한다.
- 질이야 어떻든 양만 많이 달성하면 능력 있는 사람으로 인정받는다고 생각한다.
- 바쁘게 움직이는 것에 익숙해 휴식 시간에도 마음 놓고 쉬지 못한다.

'빨리빨리 병'에 걸린 사람들은 대부분 행복하지 않다. 여유가 사라졌기 때문이다. 여유가 있어야 느긋하게 관찰하며 행복을 느낄 수 있다. 여유가 있어야 삶을 즐길 수 있다. 여유가 있어야 일의 완성도가 높아진다. 여유가 없으면 폐품을 만들기 쉽다. 우리 몸에 배어 있는 조급성은 여러 가지 피해를 안겨 준다.

왜 우리는 '빨리빨리 병'에 걸렸을까? 몇 가지 원인이 있다. 우리의 인구밀도는 세계 최고 수준이다. 좁은 땅에서 경쟁하다 보니 자기도 모르게 조급해지고 말았다. 특히 도시 집중화로 사람들의 성품은 더욱 조급해졌고 경쟁이 가속화되면서 상황에 기름을 부은 격이 되었다. 성급한 성취 욕구는 단기간에 많은 것을 이루도록 부추겨 일의 진척 속도를 높인다. 서양인들이 200년에 걸쳐 이룬 산업을 40년 만에 따라잡기 위해 가속 페달을 밟았다. 목표에 치중하다 보니 과정에는 소홀해졌다. 가시적인 성과에 눈이 멀어 눈앞의 부실함을 보지 못한다. 속도를 높이는 것도 이제 한계에 이르렀다. 아무리 일을 많이 해도 효율이 높아지지 않는다. 우리나라의 근로시간은 OECD경제협력개발기구 국가 중 최고 수준이지만, 노동생산성은 최하위권이다.

대형 교통사고의 가장 큰 원인은 과속이다. 운전자들 중에 지정 속도를 지키는 사람은 생각보다 많지 않다. 옆 사람이 빠르게 움직이면 덩달아 속도를 내는 것이 사람이다. 무조건 빠른 것이 미덕은 아니다. 제때에 적절한 속도를 내는 것이 가장 바람직하다. 모든 일에는 적기가 있고 완성하는 데드는 시간과 노력이 있음을 명심해야 한다.

속전속결이 가져온 비극

대한민국은 전 세계적으로도 이례 없는 경제성장을 보이며 아시아를 넘어 세계에 존재감을 알렸다. 한국인 특유의 근면함과 성실함이 이룩한 쾌거이다. 다만 빠른 성장에 의식이 따라오지 못해서일까. 경제는 성장했으나 국민들의 의식이나 문화가 뒷받침되어 있지 않다는 지적이 여기저기서 나오고 있다. 특히 압축 성장의 부작용을 지적하는 사람들이 많다. 경제성장이라는 결과에 지나치게 매몰되어 과정과 주변의 가치를 생략했다는 것이다.

우리는 빠름에 너무나 익숙해져 있다. 대충대충을 허용하며 '좋은 것이 좋다'라는 온정주의적 태도가 만연하다. 시스템, 제도, 법규, 조직 문화, 직업의식의 결여로 발생한 문제가 사회 전반에 널려 있다. 원칙과 기본을 지키지 않아 발생한 대형 참사에 무고한 사람들이 희생되었다. 이제는 한국인 특유의 속도전, '빨리빨리 문화'를 자랑스러운 것이라고 말하기가 어렵다. 고도의 경제성장이 허망한 신기루처럼 느껴지는 회의감마저 든다. 현세대와 다음 세대를 위해서라도 더 늦기 전에 원칙과 기본으로 돌아가야 한다.

한국인의 시간 문화 중 개혁이 시급한 것이 서두름과 바쁨을 무기로 무엇이든 빠르게 하려는 것이다. 작은 문제라도 개혁에는 오랜 시간이 필요하다. 벽돌을 쌓는 심정으로 한 번에 한 장씩 천천히 하다 보면 종국에는 큰 변화를 이룰 것이다. '빨리빨리 병'은 반드시 고쳐야 한다. '빨리빨리 병'만 고친다면 개인의 삶에도 긍정적인 변화가 생기고 국가도 탄탄하게 발전할 것이다.

일중독

사람들은 저마다의 계획을 바탕으로 바쁘게 살아간다. 처리해야 하는 많은 일들이 일정표를 잠식하고 의식 세계를 점령하고 있다. 날마다 추가되는 개인, 가정, 직장의 일로 자유는 포기한 지 오래다. 자기도 모르게 일중독자가 되는 것이다. 우리는 중요하고 가치 있는 일보다 긴급한 일을 지향하며 움직인다. 발등에 떨어진 불을 끄는 데 급급해 깊이 있는 사색은 꿈도 꾸지 못하는 실정이다. 대충대충 결정하며 일이 닥치면 임시변통으로 처리한다.

바람직한 태도는 심사숙고하는 습관을 기르고 생각과 행동이 일치되도록 노력하는 것이다. 그러기 위해서는 명상과 생각할 시간을 충분히 가져야 한다. 시간적 여유를 갖고 자주 자신을 통찰해야 한다. 피상적인 삶이 되는 것을 경계해야 한다. 게으른 것도 문제지만, 일중독도 문제이다. 일중독이 심해지면 자신을 돌보는 데 소홀해져 휴가도 미루고 일에만 몰두하다가 나중에는 건강까지 잃게 된다.

시간 강박증

우리나라 속담 중에는 성급함에 경종을 울리는 표현이 많다.

"우물에 가서 숭늉 달라고 한다."

"바늘허리에 실 매어 쓴다."

"콩밥 먹은 사람 화장실에 가 보면 안다."

우리는 조금만 늦어도 짜증을 낸다. 여유가 없으니 상대방에게 배려를 할 수가 없다. 국내 판매자들은 주문한 물건을 대부분 무료로 신속하게 배달해 준다. 외국에서는 어림도 없다. 배달되는 품목도 적고 배송을 원할 경우 비용을 지불해야 한다. 우리의 짧은 인내력을 공급자가 이용하여 판매 전략으로 삼은 것이다.

대중문화 전반에도 인스턴트 개념이 만연하다. 인스턴트는 라면, 커피, 햄버거 등 산업사회의 부산물인데 인간관계에서도 인스턴트식 성향을 찾아볼 수 있다. 비교적 쉽게 만나고 쉽게 헤어지는 연인 관계가 대표적이다. 쉽고 편리한 '즉석'에 길들여지면 인내와 점점 멀어지게 된다. 사람은 느긋하게 기다릴 줄 알아야 한다. 인내하며 기다린다는 것은 인간다운 삶의 기초다.

조급함은 교육에서도 맹위를 떨친다. 10대들이 학업 경쟁에 과도하게 내몰리는 것은 효율성과 속도를 중시하는 사회적 분위기 때문이다. 마음껏 놀아야 하는 아이들을 경쟁으로 몰아넣는 행위는 결코 바람직하지 않다. 득보다 해가 된다. 부모와 기성세대의 조급함은 아이들이 인내심을 배우고 키울 시간을 빼앗는다. 우리나라 청소년들의 행복 지수가 세계 최하위인 것도 어른들처럼 여유를 잃어버렸기 때문이다. 청소년 자살률이 증가하는 이유도 그들에게 인내심을 길러 주지 못한 데 있다. 성인이 되어 군대 혹은 사회생활에 적응하지 못하는 것도 여유와 인내의 결핍 때문이다.

'빨리빨리 문화'를 극복하는 십계명

우리는 잘못된 시간 문화를 인식하고 피해가 심각함을 깨달아야 한다. 다음은 '빨리빨리 문화'를 고치는 열 가지 전략이다.

① 시간은 마음이 느긋할 때 생긴다

우리는 빨리빨리 기질이 몸에 배어 있다. 우리는 조급증의 노예이자 피해자이다. 빨리빨리 기질을 부단히 개선해야 한다. 여유를 가지고 일하라. 여유를 가지고 식사하라. 운동할 여유를 내라. 30분만 여유를 두고 일찍 출발한다면 과속할 필요가 없으며 사고를 예방할 수 있다. 삶의 속도를 최대한 늦춰라.

어떤 일을 할 시간은 저절로 생기지 않는다. 시간이 필요하다면 만들어야 한다. 시간은 어떻게 만들 수 있는가. 시간은 우리 마음에서 만들어진다. 역설적으로 들릴지 모르겠지만, 시간은 마음이 느긋할 때 만들어진다.

여유를 가지고 심사숙고하는 습관을 길러라. 명상과 생각할 시간을 충분히 가져라. 자주 자신을 통찰하라. 필요한 시간을 내는 가장 손쉬운 방법은 원하는 만큼의 시간을 사전에 뚝 떼어 놓는 것이다. 실천해 보라. 신기하게도 시간이 생길 것이다.

② 시계 바늘만 좇지 말고 시간을 지배하라

자신을 통제하는 힘이 얼마나 허약한지 살펴보라. 당신은 원하는 만큼의 건강을 유지하고 있는가? 원하는 만큼 업무가 체계화되어 있는가? 대부분은 업무의 전반적인 흐름을 고려하지 않은 채 당장 급한 업무를 처리하기 위해 이 일에서 저 일로 넘나들고 있을 뿐이다. 시간을 지배하지 못하고 시간에 끌려다니는 자신의 모습을 살펴보라. 사람은 주어진 일 때문이 아니라 스스로 선택한 일 때문에 바쁠때 일에 집중하며 열정을 쏟는다.

시간 관리의 기본은 매사에 즐거운 마음으로 임하는 것이다. 시간의 주인이 될 것인가, 노예가 될 것인가. 주도적인 삶은 자기만의 목표와 과제를 가지고 스스로 계획을 세울 수 있을 때 비로소 가능해진다.

③ 우선순위를 지켜라

일과표를 작성하고 그대로 진행하라. 우발적으로 일어나는 일들을 최소화 하라. 우연적인 요소들이 많을 때 그날의 계획에 차질이 생긴다. 기분에 따라 즉흥적으로 일을 처리하지 마라. 계획을 세워서 그날의 우선순위를 지키려고 노력하라.

④ 취사선택은 필수다

생활이 편리해진 만큼 할 일도 많아졌다. 해야 할 일이 많아지면 정작 하고 싶은 일은 하지 못하게 될 수도 있다. 삶에 여유가 사라지고 바빠진다. 삶이 편리해지면 점점 더 욕심을 부리게 되는데 이때 조치를 취하지 않으면 삶은 더욱 더 바빠질 것이다.

선택하는 능력, 거절하는 능력을 갖춰야 한다. 하고 싶은 일이 너무나 많으면 시간에 끌려 다닌다. 자신이 통제할 수 있는 일만 일과표에 집어넣어라. 줄이고 줄여서 꼭 필요한 일만 목록에 남겨라. 하지 말아야 하는 일의 목록을 만드는 것도 좋은 방법이다.

다양한 직책을 맡고 있다면 줄여라. '꼭 해야 될 텐데…'라는 굴레에서 과감히 벗어나라. 성공하면 외적인 삶은 복잡해지기 마련이다. 많은 사람들이 당신의 시간을 원하기 때문이다. 당신이 자초한 일이다. 일을 잘하면 잘할수록 당신의 가치는 상승하고 더 많은 사람들이 시간을 빼앗으려 할 것이다. 일과 관련된 삶이 단순해지기 원한다면 하루 혹은 주 단위로 일을 단순하게 만들어라. 업무를 조직화해서 단순하게 만들어라. 일이 끝나면 서류철을 정리하여 업무의 그림자에서 벗어나라.

⑤ 당장 할 일, 오늘 안에 할 일, 내일 해도 되는 일을 구분하라

정신없이 바쁘게 움직이는 것만 진짜 일하는 것이라고 착각해서는 안 된다. 진짜 일과 바쁜 일을 구분하라. 진짜 일은 주요 목표와 직결된 것이며 사업과 능력을 성장시킨다. 바쁜 일은 진짜 일을 회피할 빌미를 제공한다. 진짜 일보다 먼저 해야 하는 것처럼 착각하

게 만든다. 바쁜 일의 덫에 걸린 것은 아닌지 수시로 확인해야 한다.

우리는 '중요한 일'을 죽도록 열심히 할 수도 있고 '중요하지 않은 일'을 죽도록 열심히 할 수도 있다. 우리는 늘 무엇을 죽도록 열심히 하며 살고 있다. 무엇을 열심히 할 것인지는 일의 중요도를 변별하는 당신의 능력에 달려 있다.

일의 효율성을 높이려면 중요도에 따라 할 일을 시기별로 분류해야 한다. 즉시 해야 할 것, 오늘 해야 할 것, 내일 해야 할 것으로 분류해야 한다. 분류만 잘해도 무의미한 바쁨에서 해방된다. 즉시 해야 하는 일이 있으면 하던 일을 모두 멈추고 그 일에만 집중해야 한다. 소방관이나 구급 대원이 제공하는 응급 서비스들은 대부분 긴급 상황에 대처할 수 있도록 조직화되어 있다. 생명과 재산에 직접적인 관계가 있기 때문에 엄격한 질서가 필요하다.

지금 당신에게 주어진 일들이 시간을 앞다투어 처리해야 할 일인지 생각해 보라. 대부분은 중요하지 않은 일들일 것이다. 당일에 처리해야 하는 일은 즉시 처리하지 않아도 되므로 여유가 있다. 만약 이런 일들 때문에 바쁘다면 사전에 계획을 세우지 않은 것이다. 빠른 대응이 필요한 일은 다루기가 쉽지 않다. 변수에 즉각적으로 반응하기보다는 일의 전체 흐름을 살핀 후 신속한 처리를 위해 필요한 행동들을 적어 보자. 마음에 한결 여유가 생길 것이다.

지금이라도 늦지 않았다. 오늘 무엇을 해야 하는지 기록하라. 아무리 바쁘더라도 해야 할 일을 적어 놓고 시작하라. 그날의 계획을 세우지 않으면 우발적인 상황이 생겼을 때 바빠지고 업무에도 혼란이 생긴다. 내일 해도 되는 일이라면 긴급한 문제가 아니므로 시간적 여유를 가지고 계획을 세운 뒤 처리하라.

시간 관리의 비밀은 시간을 조직화한 후에 일을 시작하는 데 있다. 지금 꼭 해야 하는 일이 아니라면 주저 없이 보류하라. 오늘 못해도 심각한 문제가 생기지 않는다면 내일 하라. 오늘 할 일과 내일 해도 되는 일을 구분하는 것이야말로 주어진 24시간을 온전히 쓰는 첫걸음이다.

⑥ 장거리 슛보다는 단거리 패스를 적극 활용하라

거대한 목표를 달성 가능한 과제들로 세분화하라. 축구로 따지면 장거리 슛으로 한 번에 골을 넣는 것이 아니라 단계적 패스를 통해 골대로 공을 몰고 가는 것이다.

한 번에 한 가지 일만 하라. 시간을 낭비하는 습관 중 하나가 노력과 초점을 너무 많은 데 분산시키는 것이다. 문제는 자신의 능력보다 더 많은 일을 하려고 할 때 생긴다. 능력에 넘치는 일이 많아지면 바빠지는 것은 당연하다. 주요 업무를 처리하는 데 주의를 집중하는 습관을 길러야 한다.

한 단계를 성공적으로 완수하면 자부심을 느끼면서 기뻐하라. 다음 단계로 나아갈 동기부여가 될 것이다. 다급하게 빨리할 때보다 여유를 가지고 느긋하게 할 때 효율은 더 높다. 자신에게 맞는 일의 속도를 찾으면 기분 좋게 일할 수 있다.

⑦ 일당백이 미덕이라는 생각을 버려라

혼자 북 치고 장구 치지 마라. 위임할 것은 과감히 위임하고 도움받을 것이 있으면 부끄러워하지 말고 요청하라. 혼자서 열 명의 일을 다 하려 하지 말고 열 명과 나누어서 하라. 그것이 일을 효율적으로 처리하는 현명한 방법이다.

⑧ 집중을 배워라

보통 사람들은 마음이 너무 분산되어 있어 집중에 어려움을 겪는다. 무엇을 해야 할지 몰라 허둥댄다. 하고 싶은 것이 정확하게 파악되면 해야 하는 것이 분명해진다. 추진력도 생긴다. 돋보기를 들고 햇빛을 한 곳에 모아 종이를 태우는 것과 비슷하다. 분산된 에너지를 한 데 모으는 것이 집중이다. 언제든지 할 수 있는 일이지만, 우리는 온갖 걱정과 두려움에 사로잡혀 수동적으로만 행동한다. 집중을 배우면 분산된 에너지를 효율적으로 사용할 수 있다.

⑨ 휴식과 여가는 짬 날 때 하는 것이 아니라, 짬을 내서 반드시 지켜야 하는 것이다

일과 중 휴식 시간을 잘 지키며 여가 시간을 충분히 활용하라. 지친 몸과 마음을 자연에 기대어 휴식을 취하라. 평소 관심 분야나 취미를 여가에 적극 활용하는 것도 좋은 방법이다.

⑩ 시간 도둑을 잡아라

소리 없이 다가와 소중한 시간을 빼앗아 가는 도둑들이 있다. 대표적인 예로 텔레비전, 컴퓨터, 스마트폰 등이 있다. 전자 기기의 사용 시간을 대폭 줄여라. 빛의 속도로 달리는 문명의 열차에서 완전히 탈선할 수는 없겠지만, 수시로 내려 자신의 속도로 걷는 연습을 해야 한다.

당신의 운명은 결국 기회가 아니라 선택에 달려 있다.
Your destiny is ultimately a matter of choice, not chance.

사장에게
시간 관리가 필요한 이유

사장의 시간 관리가
회사에 미치는 영향

사장은 누구인가

소크라테스의 명언 '너 자신을 알라'는 우리 삶에 두루 적용된다. 자신을 아는 것은 중요하다. 자신을 알아야 어떻게 행동할 것인지 혹은 관계 맺을지를 알 수 있다. 자신에 대해서는 자기가 가장 잘 안다고 생각하지만, 의외로 잘 모르는 경우가 많다. 관련하여 전해져 내려오는 이야기다.

옛날에 한 포졸이 가짜 중을 체포해서 가던 길이었다. 날이 저물자 둘은 주막에 머무르며 저녁 식사와 반주를 같이하였다. 중은 포졸에게 아첨을 떨며 술을 잔뜩 먹였고 포졸이 술에 취해 정신을 잃자 그의 머리를 빡빡 깎고 자신의 옷을 입힌 뒤 멀리 달아났다. 이튿날 아침, 잠에서 깬 포졸은 자신의 모습을 바라보며 다음과 같이 말했다.

"중은 여기 있는데 나는 어디 갔나?"

위의 포졸처럼 우리 역시 너무나 바쁜 나머지 종종 자기 자신을 모르고 산다. 사람의 마음속에는 '복합적인 나'가 많아 자신을 한마디로 규명하는 것은 불가능하지만, 자신을 알아 가려는 노력은 꾸준히 해야 한다.

사장은 누구인가. 사장은 최종적으로 의사 결정을 내리는 사람이다. 결정된 사항을 누구보다도 앞장서서 실행해야 하는 사람이다. 사장은 항상 '솔선수범'과 '자기희생'을 기억해야 한다. 올바른 가치관과 명확한 기준을 가지고 자신이 내린 결정에 대해 책임을 지는 사람이 회사의 책임자이자 대표라 불릴 자격을 갖춘 사장이다.

시간 관리에 대한 일반적인 생각

우리가 평상시에 사용하는 말에는 시간과 관계된 말이 많다.

"오늘 아침 5시에 일어났다."

"근무시간 15분 전에 사무실에 도착했다."

"시간이 참 빨리 가네!"

"벌써 점심시간이다."

"그 일을 완성하는 데 몇 시간이 걸리지?"

"올 여름 휴가 때는 가족과 함께 제주도에 갈 예정이야."

"벌써 올해도 다 지나갔구나!"

우리는 의식적 혹은 무의식적으로 시간에 대한 말을 하며 살아간다. 우리는 흐르는 시간 속에 살고 있으며 시간을 이용하고 있다. 그럼에도 시간이 무엇인지에 대해서는 깊게 생각하지 않는다. 시간에 대한 태도는 시간 관리에 매우 큰 영향을 미친다. 건전한 시간 의식을 갖는 것이 시간 관리의 첫걸음이다.

소위 엘리트라고 불리는 이름난 사장 중에도 시간 의식이 빈약한 사람들이 많다. 그들은 시간의 귀중함을 알지 못한다. 다른 사람뿐만 아니라 자신의 시간도 귀중한지 모른다. 그들은 시도 때도 없이 하는 전화, 긴 통화, 갑작스러운 방문, 약속 시간 어기기, 서투른 회의 진행으로 시간을 낭비한다. 불규칙한 삶, 잦은 야근, 마감이 닥쳐야 서둘러서 일을 처리하는 경향, 마감일을 지키지 못해 번번이 연기하는 행동 등은 시간 개념이 빈약하다는 증거이다.

시간 관리가 필요한 이유

시간에 대한 개념은 누구나 가지고 있지만, 사람들은 시간이 어떤 존재이며 어떻게 사용해야 하는지에 대해서는 진지하게 생각하지 않는다. 사장들 중에도 더 열심히 하는 것만 강조하고 시간 관리의 연구에 대해서는 의문을 제기하는 사람들이 있다.

'관리'의 반대말은 '방치'이다. 집의 정원을 관리하지 않고 그대로 내버려 두면 잡초가 무성하게 자라 피폐해진다. 잔디도 깎고 화초에 물도 주어야 정원다운 모습으로 유지된다. 시간도 관리의 대상이다. 시간이 아무리 많아도 관리하는 기술이 없으면 무용지물이다. 좁은 의미의 시간 관리는 주어진 시간을 효과적이고 효율적으로 사용해서 설정한 목표를 달성함을 말한다. 넓은 의미는 시간을 올바르게 다루어 일상생활을 효과적으로 함을 뜻한다.

시간을 관리하지 않으면 어떤 현상이 생길까. 우선 삶이 무질서해지고 행동에 일관성이 없어진다. 시간이 많아도 통제하지 못해 분산되어 버리며 성과를 거두지 못한다. 어떨 때는 너무 바쁘고 어떨 때는 너무 한가하다. 사장의 시간 관리는 개인의 변화만 가져오지 않는다. 사장의 시간 관리 능력에 따라 회사의 미래와 직원들의 삶이 달라진다. 사장은 자신과 회사의 시간 관리에 막중한 책임 의식을 가져야 한다.

사장을 위한
특별한 시간표

사장에게 특별한 시간 관리가 필요한 이유

사장은 해야 할 일이 무수히 많고 다양하다. 몸이 열 개라도 감당하기 힘든 상황을 겪어 본 사장이라면 남모를 고충에 대해 깊게 공감할 것이다.

사장의 24시간은 일반 직원들의 시간과는 차원이 다르다. 사장은 '개인의 시간'뿐만 아니라 직원의 시간, 거래처나 관계 부서와의 시간을 조율하는 등 '주위의 시간'도 두루 살펴야 한다. 회사 전반의 시간 관리를 파악하여 문제가 있으면 개선하기 위해 노력해야 한다.

업무 성과를 내기 위해서는 자기 계발도 게을리할 수 없다. 건강 관리 및 취미 활동, 교양의 수준을 확장하며 자기 계발에 힘써야 한다. 사장들은 '오늘의 매출'을 달성시킴과 동시에 '내일의 매출'과 직결되는 투자나 연구 개발에도 관심을 기울여야 한다.

사장은 자신의 업무 효율을 증진하는 것 외에도 회사 전체의 생산성 향상 및 직원들의 능력을 발전시킬 의무가 있다. 직원들 개인의 발전이 결국에는 회사 성장의 초석임을 기억해야 한다.

사장은 특히 소통의 본보기가 되어야 한다. 원활한 의사소통을 위해서는 많은 노력과 시간이 필요하다. 소통에 실패하면 갈등이 심화되고 불필요한 비용이 발생하며 결국 성장과 발전을 가로막는다. 사장에게는 직원들의 목소리를 경청할 수 있는 시간적 여유와 심리적 여유가 필요하다.

사장은 자신의 시간 활용뿐만 아니라 직원들의 시간 활용에도 책임을 져야 한다. 좋은 의도로 시간 문화를 향상시킨다 하더라도 전체가 따르기에는 무리일 수 있다. 이때 반발을 최소화하면서 이전의 잘못된 관행을 극복하고 점진적으로 개선해 '시간 혁신'을 일으키는 사장이야말로 유능한 사장이다.

사장이 시간 관리 개념이 없으면 회사 내에 문제가 생겨도 인지하지 못한다. 어느 회사나 시간 관리 문제는 있기 마련이다. 유능한 사장은 문제를 발견하고 해결책을 직접 모색한다. 만약 다음의 징

후가 발견된다면 회사의 시간 관리에 문제가 있을 가능성이 높다.

- 회사의 주요 공지 사항이 사원들에게 제대로 전달되지 않는다.
- 결론이 도출되지 않고 안건이 반복되는 회의가 많다.
- 업무상 대화할 때 불필요한 말이 많아 의사소통에 어려움이 있다.
- 어려운 문제는 뒤로 밀려 진척될 기미가 보이지 않는다.
- 부서 간의 의사소통과 협조가 원활하지 않아 일처리가 지연된다.

실전에 더욱 유용한 사장의 시간 관리 비법 20

다음은 사장이 갖추어야 할 시간 관리 비법 중에서도 가장 핵심적이고 유용한 비법 20가지이다.

① 사장의 시계는 반 박자 빠르게 움직여야 한다

회사의 미래와 비전을 생각하는 직원은 드물다. 사장이라면 가까운 미래인 내일뿐만 아니라 자신과 직원들의 미래가 달린 회사의 앞날에 대해 고민해야 한다. 10년 후, 20년 후, 30년 후를 내다볼 줄 알아야 한다. 사원과 사장은 다루는 시간의 폭이 다를 수밖에 없다. 만약 사장이 큰 그림을 그리지 못하고 코앞의 일에만 몰두한다면 회사는 위태로워질 것이다. 사장에게 미래에 대해 공상하는 시간은 매우 생산적인 시간이다.

② 직원들의 업무 집중도에 관심을 가져라

사장은 사내에 적당한 긴장감을 조성해 집중할 수 있는 환경을 만들어야 한다. 한 사람만 집중력이 떨어져도 직장 전체의 분위기가 달라진다. 사내 분위기는 전염성이 강해 생산성 저하와 직결된다. 책임자가 외근, 출장 등 외부 일정이 많으면 직원들의 업무 분위기를 파악하기 어렵다. 다른 사람의 보고만으로는 한계가 있기 때문에 직접 보고 느껴야 한다. 직원들의 집중력 저하에는 달성 목표를 뚜렷하게 제시하여 경쟁심을 유발하는 것이 효과적이다. 지위가 높은 사람에게 어려운 과제를 주는 것도 하나의 방법이다. 과제 수행을 위해 다른 직원들의 협조를 구해야 하기 때문에 모두가 협동하여 필사적으로 일할 것이다.

③ 회사의 성장은 직원들의 모험심에 달려 있다

직장인들은 가정처럼 안정된 회사를 꿈꾸지만, 경영자의 입장에서 회사가 안정적이라면 생존에 적신호가 켜진 것이다. 안정만 추구하다 보면 변화와 쇄신을 거부하고 발전과도 멀어지게 된다. 한 인터뷰에서 기자가 빌 게이츠에게 가장 두려운 것이 무엇이냐고 질문하자 그는 다음과 같이 대답했다.

"지금 이 순간에도 누군가가 차고에서 전혀 새로운 것을 개발하고 있을까 봐 두렵습니다."

풍요로운 것보다는 조금 부족한 것이, 편안한 것보다는 역경이 생존의 근거가 됨을 명심해야 한다.

④ 지시는 명령이 아니라 소통이다

사장과 직원 사이에 의사소통이 되지 않아 시간을 낭비하는 경우가 숱하다. 원활한 의사소통을 위해서는 메시지를 잘 조직하고 적합한 전달 수단을 선택해야 한다. 사장은 정확한 의도를 직원에게 전달해야 한다. 다음은 정확한 의미 전달을 위한 방법이다.

- 결론을 압축한다.
- 뜻이 분명한 단어를 사용한다.
- 핵심 단어를 전달한다.
- 가장 효과적인 전달 매체를 선택한다. 직접 지시 혹은 문자, 전화, 메신저 등 상황에 따라 적합한 매체를 선정한다.
- 중요한 지시 사항을 신속하고 정확하게 전달하려면 직접 가서 이야기하는 것이 좋다.
- 적기를 살펴라. 지시를 내리거나 일의 진행 사항을 확인할 때는 직원 개개인의 성격이나 능력에 따라 태도와 방법을 달리해야 한다. 이때 평소 직원의 성향 및 업무 방식을 파악해 두면 도움이 된다.

⑤ 마감 시간은 '오전 10시'보다 '오전 9시 55분'이 더 효과적이다

애매한 표현을 쓰지 마라. 직원들에게 무엇을 지시할 때는 '오늘 중'과 같은 애매한 표현을 쓰는 대신 '수요일 오후 5시 55분까지'

처럼 날짜와 시간을 명확하게 밝히는 것이 좋다. 애매한 마감 시간은 의사소통에 혼란을 가중시키며 결국은 시간 낭비로 이어진다.

작은 습관이지만, 고치지 않으면 시간은 새어 나간다. 시간과 날짜를 정할 때도 '오전 9시'나 '오후 1시'처럼 정각을 기준으로 하지 말고 '오전 10시 20분'이나 '오후 3시 35분'처럼 분 단위로 설정하면 신기할 정도로 정확하게 약속 시간이 지켜진다. 구체적인 시간에 대한 특별한 이유가 있을 것이라고 생각하기 때문이다. 회의나 다른 모임도 마찬가지다.

직원들에게 일을 맡길 때도 '3시간 이내로 끝내 주게'보다는 '오후 4시 55분까지 마쳐 주게'라고 분 단위까지 정해 주는 것이 효과적이다. 시간에 관계된 말을 할 때는 '잠깐만', '가급적 빨리', '할 수 있다면' 등의 애매한 표현은 지양하고 정확한 시간을 알려 주어야 한다. 만일 정확한 시간이 파악되지 않을 때는 대강 둘러대는 것보다 확인 후 다시 알려 주겠다고 하는 것이 상대방에게 신뢰를 준다.

⑥ 때를 잘 맞춘 보고가 대형 사고를 막는다

사장은 상담과 보고의 타이밍에 신경 써야 한다. 보고가 조금 늦어졌을 뿐인데 큰 사고로 이어지는 경우도 있다. 대개 문제는 직원들이 보고해야 할 사실을 잊어버리거나 적절한 시기를 놓쳐서 발생하고 사장은 사고가 터진 이후에 알게 된다.

업무 중에 일의 진행이 매끄럽지 않거나 문제의 소지가 있을 때

바로 도움을 청하면 문제 해결의 방도를 구하여 피해를 최소화할 수 있다. 대부분의 직원은 문제가 수면 위로 떠오를 때까지 상담을 회피한다. 상담 회피를 막기 위해서는 지시할 때 보고의 시기도 같이 전달하면 효과적이다.

보고 시기는 일의 기간에 따라 조율해야 한다. 1개월 정도 소요되는 프로젝트는 '매주 금요일 퇴근 전, 경과를 보고해 주게'와 같이 1주일에 한 번 정도 보고를 받고 확인하는 것이 좋다.

일분일초를 다투는 긴급한 일, 매출 동향, 사고의 발생 등 시간에 따라 즉각적으로 상황이 변하는 일은 기간이 훨씬 짧아야 한다. 하루가 걸리는 일이라도 적당한 시간에 중간 점검을 하는 것이 좋다. 예를 들면 점심시간 전후에 '일이 순조롭게 진행되고 있는가?'라고 질문하는 것이다. 사장이 일에 관심을 보일 때 직원들은 긴장감과 집중력이 배가 되어 효율이 높아진다. 사장은 일의 지시뿐만 아니라 완성하는 데까지 책임이 있다.

⑦ 면담은 짧고 굵게

면담 시간의 양은 미리 정하는 것이 좋다. 거래처와의 미팅 시간, 보고받는 시간을 정해 놓으면 효율적이다. 종료 시간을 미리 정해 놓으면 불필요한 이야기로 낭비되는 시간을 최소화할 수 있다. 시간이 짧으면 짧을수록 긴장감이 유지되며 진지한 자세로 면담에 임할 수 있다.

⑧ 회사의 시간은 곧 돈이다

일의 마감을 위해서는 효과적으로 시간을 설계해야 한다. 일의 전체 흐름을 한눈에 볼 수 있도록 계획에 따른 각 작업의 진행 순서와 필요한 시간을 산출하여 도표로 작성해야 한다. 진행 도표는 사원 전체가 공유한다. 중간 점검일을 정해서 진행 사항을 확인하고 만약 문제가 있다면 신속하게 대응한다. 수정이 필요하다면 언제든지 할 수 있다. 사장은 회사의 모든 일에서 시간의 절약과 효율성에 대해 고민하고 관심을 가져야 한다.

⑨ 모든 결재의 승인을 사장이 직접 할 필요는 없다

결재 대기 시간은 필요악이다. 결재 대기는 귀중한 시간을 빼앗는 복병 중 하나이다. 결재가 바로 이루어지지 않으면 며칠 혹은 몇 주간의 업무가 지연될 수 있다. 특히 해당 업무의 관계자가 많을 경우에는 엄청난 시간 손실이 발생한다. 결재의 지연은 주로 회의나 출장, 거래처 면담 등 외부 일정 때문이다. 가장 좋은 대안은 아랫사람에게 권한을 대폭 위임하는 것이다. 모든 결재의 최종 승인을 사장에게 올리지 않고 중간 관리자 선에서 처리하면 시간을 크게 단축할 수 있다.

⑩ 의사소통에 관심과 노력을 기울여라

의사 전달은 조직의 혈관과 같다. 소통이 원활하지 않으면 몸에 혈관이 막힌 것과 같다. 회사 내에서 의사소통이 어려운 것은 의사 전달의 기술과 능력이 부족하기 때문이다. 사장의 명령이 직원들에게 제대로 전달되지 않거나 타 부서 혹은 거래처와의 의사소통이 잘 이루어지지 않으면 시간과 에너지, 경비를 낭비하게 된다. 회의나 상담, 전화 보고, 연락, 발표 등에서 정보를 전달하는 기술이 서투르면 시간을 많이 잡아먹게 된다. 의사소통 기술은 하루아침에 향상되지 않으므로 꾸준한 노력이 필요하다. 사내 연수에 커뮤니케이션 강좌를 만들고 직원들에게 폭넓은 독서를 유도하며 모의 훈련 기회를 제공하는 등 다양한 시도가 필요하다. 특히 술자리에서 비공식적인 의사소통을 하는 경우가 많은데 기본적으로는 휴식과 기분 전환의 수단으로 삼는 것이 바람직하다.

⑪ 직원들의 퇴근 시간을 사수하라

사장은 직원들의 시간 외 근무를 줄이기 위해 노력해야 한다. 시간 외 근무를 줄이면 전기 요금이나 냉난방비 절감 외에도 수확이 크다. 직원들의 가정과 건강을 지킬 수 있는데 휴식과 가정의 평화는 자체로도 충전 효과가 있다. 충전된 직원들은 자신의 능력을 최대로 발휘해 본인뿐 아니라 회사의 큰 이익으로 작용한다. 휴식을 위해 일과 시간 내에 일을 마쳐야 한다는 긴장감은 일의 집중도를 높인다. 마감 효과가 생긴다.

업무의 성격상 시간 외 근무가 불가피할 경우에는 시간 낭비 요인을 최소화하여 야근이 없는 날을 지정해 직원들을 일찍 퇴근하게 한다.

가장 중요한 것은 퇴근 시간이 되면 상사가 먼저 책상을 떠나는 것이다. 업무가 끝나도 좀처럼 퇴근하지 않는 상사나 선배들이 있다. 중요한 업무가 아닌데도 서류를 뒤척거리거나 동료들을 불러서 잡담한다. 자신을 과시하기 위해서 혹은 회사가 집보다 편하기 때문이다. 잘못된 관습은 상사 본인뿐 아니라 부하 직원과 회사 전체에 악영향을 미친다. 악순환의 고리를 끊는 것이 사장과 임원의 역할이다.

⑫ 직원들의 아침 시간을 보호하라

사장은 직원들의 아침 시간을 보호할 의무가 있다. 될 수 있으면 일찍 출근하는 직원에게는 업무 시작 전에 일을 지시하지 마라. 그들은 처리할 업무로 이미 바쁘다. 근무 시작 전에는 조용히 책상에 앉아 생각을 정리하거나 결재 서류를 확인하고 메일에 답장하는 것이 바람직하다. 업무 시작 전까지는 자기 시간의 '성역'을 지켜주는 것도 일종의 배려이며 에티켓이다.

⑬ 새로운 지식과 정보에 눈떠라

매일 새로운 정보를 접하며 관련 분야 사람들을 꾸준히 만나고 교류하는 노력이 필요하다. 새로운 것에 도전하는 시간은 투자이다. 새로운 지식과 정보를 축적하면 결단을 내리는 데도 용이하다.

⑭ 최악의 사태를 준비해야 한다

항상 문제는 예기치 못한 상황에서 발생한다. 엎친 데 덮친 격으로 연속해서 문제가 발생하기도 한다. 서두르다 보면 실수나 문제가 더 자주 발생한다. 천재지변으로 인한 부득이한 사고도 있다. 문제가 발생했을 때는 근본적인 원인부터 파악해야 해결책을 찾을 수 있다. 최선의 방책은 만일의 사태에 대비해 대안을 준비하는 것이다.

마음이 급하면 눈앞에 벌어진 일이 제대로 보이지 않는다. 눈앞에 벌어진 일로 마음이 조급할 때는 안정을 되찾는 것이 급선무이다. 한번에 많은 일을 수습해야 할 때일수록 자신을 침착하게 다독여야 한다.

사장은 어떤 경우에도 평정심을 잃어서는 안 된다. 위기의 상황에서 사장이 침착해야 회사 전체가 흔들리지 않는다. 모든 문제는 돌연 발생한 불행처럼 보이지만, 매사에 세심한 주의를 기울인다면 사건 사고를 피할 수 있다.

⑮ 망중한을 즐겨라

출장이나 외출 할 때 목적지로 이동하면서 보내는 시간은 회사가 공인한 자기 시간으로 봐도 무방하다. 이동 중인 차 안에서는 휴식을 취하는 것이 좋다. 피로를 풀기 위해 잠을 청하거나 창밖을 보며 앞으로 해야 할 일을 상상해 보는 것이다. 쉽게 흘려보낼 수 있는 시간을 알아채고 자기 시간으로 만드는 것도 중요한 시간 관리 기술이다.

⑯ 미리미리 하는 습관을 들여라

2주 뒤가 마감이라면 정해진 일자보다 2-3일 전에 완성하라. 사장이 개인적인 일로 회사 일을 미루는 것은 직장 전체의 귀중한 시간을 낭비하는 것이다. 사장은 일을 뒤로 미루지 말고 먼저 나서서 처리해야 한다. 오늘 해야 할 일을 미루게 되면 후에는 졸속으로 처리해 실수할 확률이 높아진다.

⑰ 깨끗한 책상이 시간을 절약한다

책상은 그 사람의 머릿속과 같다. 책상이 어지러우면 그만큼 머릿속이 복잡하다는 것이다. 책상이 정돈되어 있으면 처리할 일이 한눈에 들어와 집중에 효과적이다. 깨끗한 책상은 시간을 벌어 주며 일의 효율을 높인다. 요즘은 사무실의 업무가 대부분 전산화되어 책상 위에 서류나 읽을거리가 넘치지 않지만, 사장의 책상에는 결재를 기다리는 서류가 늘 쌓여 있다. 사장은 자신의 책상을 정리하고 관리하는 습관을 들여야 한다. 책상 정리가 곧 자기 생각과 머릿속을 정리하는 것임을 기억해야 한다.

⑱ 자기 계발은 사장에게도 필요하다

사장은 일에 관련된 지식이 풍부해야 한다. 경제, 경영, 마케팅을 비롯하여 자사 상품 관련 지식을 쌓아야 한다. 사장은 바쁜 시간을 쪼개서라도 관련 분야 서적을 꾸준히 읽어야 한다. 사회, 문화, 예술에 대한 전반적인 지식도 갖추면 좋다. 일 때문에 바빠서 시간을 낼 수 없다는 사장들도 많은데 바쁠수록 계획을 치밀하게 짜서 움직이면 집중력을 극대화할 수 있다. '시간이 없어서 못한다'라는 말은 자기 합리화이며 핑계일 뿐이다.

⑲ 잘 먹고 잘 쉬어야 한다

잘 먹고 잘 쉬는 것이야말로 시간 관리의 기본이다. 배가 고프고 피곤하면 의사 결정에 차질을 빚는다. 일의 능률도 저하된다. 인간의 뇌는 보통 1,400그램이지만, 체내에 흡수된 전체 열량의 약 20퍼센트를 소모한다. 혈당이 떨어지면 지치고 피로가 몰려오며 쉽게 짜증을 낸다. 충동 억제가 되지 않으며 유혹에 잘 넘어간다. 관대해지고 여유가 있으려면 우선 잘 먹고 잘 쉬어야 한다.

⑳ 유머 감각은 사장에게 필수이다

유머 감각은 삶의 윤활유이다. 스트레스를 받으면 마음의 여유가 사라져 유머를 구사하기가 매우 힘들다. 유머는 혹독한 상황을 헤쳐 나가게 하는 힘이 있다. 힘든 때일수록 유머가 필요하다. 때로는 지나친 고민과 심각함이 일을 어렵게 만들기도 한다. 삶의 즐거운 면을 보도록 노력하라. 가끔은 시원한 웃음이 고민을 해결해 주기도 한다.

회사의 주인,
시간의 노예

　세상에는 지배하는 부류가 있고 지배당하는 부류가 있다. 전자
는 주인, 후자는 노예라고 부른다. 주인은 자율성과 여유가 있지만,
노예에게는 자율성도, 여유도 허락되지 않는다. 빚을 많이 진 사람
은 빚에 끌려다니는 노예이다. 알코올중독자나 도박 중독자는 악
습의 노예이다. 그들은 스스로 무엇을 할 수 있는 힘을 박탈당했다.
시간의 경우는 어떨까. 시간의 노예가 된 사람은 시간에 속박당해
서 끌려다닌다. 시간의 노예는 자유의지를 발휘할 여지가 없으며
시간을 제대로 관리할 수도 없다. 사장도 예외는 아니다. 회사에서

는 직원들의 고용주이지만, 시간에 끌려다니는 사장도 많다. 대외적으로 아무리 인정받는다 해도 시간 관리에 소홀하다면 명성과 인정이 거품처럼 사라질 것이다.

바쁘다는 말을 입버릇처럼 하는 사장들은 다음과 같이 푸념한다.

"할 일이 너무 많아서 눈이 펑펑 돌고 정신이 하나도 없어. 한숨만 나와."

"너무 바빠서 손발이 열 개라도 부족해."

"항상 시간에 쫓겨 살아."

"해야 할 일의 분량이 너무 많아서 야근해야 해."

"항상 잠이 부족해."

사장을 포함해 현대인들은 매일 시간과 전쟁을 벌인다. 아침 출근길에 오르는 사람들은 분초를 다투며 시간과 한바탕 전쟁을 치른다. 사람들은 시간과의 전쟁을 반복하면서도 왜 자신이 바쁜지는 생각하지 않는다. 다람쥐가 쳇바퀴를 돌듯이 같은 일만 계속해서 반복한다.

사장들은 대부분 만성적인 시간 기근에 시달린다. 시간이 없다는 것은 일종의 병이다. 그 병에 걸린 사람의 앞날은 밝지 않고 캄캄하다. 우리는 할 수 있는 모든 방법을 동원해서 시간을 다스리는 주인이 되어야 한다. 여유를 가지고 시간을 다스리는 자신의 모습을 상상해 보라. 얼마나 삶이 풍요롭고 멋지겠는가.

시간의 주인이 되는 첫걸음은 시간 관리를 직접 하는 것이다. 먼저 목표를 세우고 세부적인 계획을 수립한 뒤 언제든 점검할 수 있는 시간표를 작성하는 습관을 들여야 한다. 자신의 시간을 자기가 관리하지 않으면 다른 사람이나 환경 혹은 우연에 지배받게 된다. 명심하라. 자기의 시간은 자기가 관리해야 시간의 노예가 되지 않는다.

여럿이서 구보를 할 때 맨 앞사람과 맨 뒷사람의 모습에는 차이가 있다. 같은 속도와 거리임에도 차이가 있다. 앞에서 뛰는 사람은 여유 있게 뛰는데 뒤에 선 사람은 허겁지겁 달리는 듯 보인다. 앞에 선 사람은 방향과 속도를 스스로 정할 수 있지만, 뒤에 선 사람은 앞사람이 가는 대로 무조건 쫓아가야 하기 때문이 아닐까. 시간 관리도 마찬가지다. 자신이 목표를 설정하고 방향을 계획해야 지치지 않고 나아갈 수 있다. 시간 관리는 하루아침에 되는 것이 아니기 때문에 마라톤을 달리듯 꾸준함과 인내가 필요하다.

두 번째 방법은 '사색의 시간'을 만드는 것이다. 다음은 아일랜드의 유명한 민요의 첫 구절이다.

"생각하기 위해 시간을 내라. 생각은 능력의 원천이다."

생각할 시간을 10분이라도 내서 일과를 계획한다면 하루를 여유롭게 보낼 수 있다.

하루 중 가장 생산적인 시간은 열심히 일하는 시간이 아니라 혼자 조용히 사색하며 보내는 시간이다. 이때는 명상으로 지나온 하루를 돌아보고 다음 날을 계획하며 깊은 생각을 하는 것이 좋다. 사장들은 너무나 바쁘기 때문에 자기만의 시간을 갖기가 어렵다. 바쁨에 익숙해져 정신없이 움직이지 않거나 일이 없으면 불안해한다. 혼자만의 시간은 생산성에도 영향을 주지만, 건강한 심신을 위해서도 반드시 필요하다. 다음은 혼자 있을 때 발견할 수 있는 가치에 대한 이야기이다.

미국에 한 부자 농부가 살고 있었다. 그는 굉장히 큰 창고를 가졌는데 안에는 많은 양곡이 쌓여 있었다. 하루는 창고를 돌다가 손목에 차고 있던 시계를 잃어버렸다. 값비싼 시계였기 때문에 찾기 위해 애썼지만, 창고가 워낙 넓어서 쉽지 않았다. 농부는 10달러의 현상금을 걸고 본격적으로 시계 찾기에 나섰다.

소문을 듣고 동네 아이들이 몰려왔다. 시계를 찾으려고 이곳저곳을 돌아다녔으나 헛수고였다. 어느덧 해도 뉘엿뉘엿 지고 아이들은 하나둘씩 집으로 돌아갔다. 유독 한 아이만은 포기하지 않고 계속 시계를 찾고 있었다. 창고 안에는 적막이 흘렀다. 그때 고요한 창고에서 희미한 소리가 들리기 시작했다. 귀를 기울이니 째깍째깍 시곗바늘 소리가 더욱 선명하게 들렸다. 아이는 소리가 나는 곳에서 시계를 발견해 농부에게 주고 10달러를 손에 쥐었다.

조용한 곳에서 자기만의 시간을 가질 때 집중력은 배가된다. 앞만 보고 달리느라 무심코 지나친 것은 없었는지 확인할 때 의외의 수확을 거둘 수 있다. 사장들은 시간을 계획할 때 반드시 '생각할 시간'을 시간표에 넣어야 한다. 생각하는 시간은 창조의 밑바탕이다. 생각하기 가장 좋은 때는 이른 아침 혹은 새벽이다. 매일 명상할 시간을 갖는다면 머릿속에 쌓인 스트레스의 잔재들을 말끔히 청소할 수 있다.

세상에서 가장 바쁜 CEO로 이름난 빌 게이츠도 1년에 2주 동안 '생각 주간'을 가진다. 그는 읽고 싶은 책들을 골라 호텔에 들어간 뒤 마음껏 읽고 쉬면서 생각하는 시간을 가진다. 외부와의 접촉을 일절 금하고 자기만의 시간을 가진다. 사업을 구상하고 앞으로 나아가야 할 방향을 재조정한다.

바쁜 와중에도 자신을 통찰할 시간은 잊지 말아야 한다. 사장에게는 속도보다 방향을 생각하며 자신을 살피는 사색의 시간이 필요하다.

04

대한민국에서
사장으로 산다는 것

요즘들어 대한민국에서 살기가 매우 어렵다고 탄식하는 사람들이 부쩍 늘었다. 특히 자영업자들의 경우 탄식과 한숨 소리가 점점 깊어진다. K 사장도 그중 한 명이다.

"저는 하루를 나기 위해 세 도시를 다니며 식사를 해결합니다. 집인 동두천에서 아침밥을 먹고 일터가 있는 의정부에서 점심밥을 먹으며 서울에서 거래처 사람을 만나 저녁밥을 먹습니다. 매일 그런 것은 아니지만, 일상적으로 전개되는 일입니다. 세 도시에서 밥을 먹고 집에 돌아오는 늦은 밤이면 지금 무엇을 하고 사는 것인지 자신에게 묻습니다. 집에 들어가면 잠든 아이들의 얼굴만 겨우 보고 아내와도 대화를 나눌 틈이 없습니다. 녹초가 되어 집에 들어오면 지쳐서 아무것도 할 수가 없어요. 언제쯤 상황이 나아져서 아빠 노릇, 남편 노릇 제대로 하면서 살 수 있을까요?"

K 사장과 비슷한 고백을 하는 사람이 한두 사람일까. K 사장과 같은 사람이 많은 것은 우리 사회의 모순 때문이다.《피로사회》에서는 현대사회를 자기 착취에 의한 '성과 사회'로 규정하고 있다. '할 수 있다' 정신에 자기 자신이 완전히 타서 '피로사회'를 만들었다는 것이다. '성과 사회'에서는 우울증과 낙오자가 속출하는데 책의 내용이 대한민국의 현주소를 적나라하게 보여 주는 것 같아 씁쓸하다. 한국인들은 스스로를 피곤하게 만들고 많은 문제를 양산하는 악순환을 반복한다.

《과로 사회》에서는 장기간 노동으로 자유 시간이 턱없이 부족하며 몸과 마음이 소진되는 우리 사회를 '과로 사회'라고 진단한다. 장기간의 노동은 가정, 일상 등 개인적인 영역에까지 침투해 부정적인 영향을 미친다.

우리나라는 '불관용 사회'이다. 최근 통계에 따르면 우리나라의 관용도가 OECD 가입 국가 중 최하위라고 한다. 외환 위기 이후 대규모 실직으로 경쟁이 과열되었고 삶이 각박해지자 타인을 배려하는 관용 지수가 현저히 떨어진 것이다. 진정한 선진국으로 도약하기 위해서는 경제성장 못지않게 다른 사람에 대한 관용과 존중이 필요하다.

'피로사회', '과로 사회', '불관용 사회'는 사람들을 조급하게 만들고 여유를 빼앗는다. 우리는 매사에 급하고 서두른다. 체질이 되어서인지 이제는 서두르는 것을 당연하게 여긴다. 서양 국가들이 산업혁명 이후 200년 동안 발전시킨 문명을 40년 만에 달성하기 위해서는 무리가 따랐다. 그 과정에서 한국인의 '빨리빨리'는 제2의 천성이 되었다.

'빨리빨리' 시대는 갔다. 속도전에 열을 올리는 개인과 사회를 구원할 수 있는 것은 여유뿐이다.

노련한 사장에게는 다음의 두 가지 모습이 있다.

첫째, 비전이 크다. 둘째, 여유 있게 행동한다.

영국의 위대한 종교가 존 웨슬리는 다음과 같이 말했다.

"나는 바쁘지만, 서두르지는 않는다."

그는 철저한 시간 관리로 종교계뿐 아니라 다방면에 공헌했으며 당시로써는 보기 드물게 88세라는 장수의 삶을 누렸다.

그동안 조급증과 자존심 때문에 성급하고 날카로웠다면 여유를 되찾기 바란다. 매사에 과정을 존중해야 한다. 무슨 일이든 성취하기 위해서는 절대적인 시간이 필요하다. 어떤 상황이 닥쳐도 여유 있게 대응하며 사는 것이 바람직하다.

여건이 좋아서 여유가 생기는 것이 아니라 여유 있게 행동하기 때문에 여건이 좋아지는 것이다. 여유야말로 시간을 지배하는 신神이다. 급할 때일수록 마음의 스위치를 내리고 여유 있게 행동하며 자신의 속도로 나아가야 한다.

05

세상은 살기 편해졌는데
사장은 왜 더 바빠졌을까

'시간이 부족하다', '일에 시달린다'라는 하소연은 분야를 막론하고 공통적이다. 과학기술의 발달로 삶은 더욱 편리해졌고 시간은 절약되었다. 그렇다면 시간이 남아돌아야 할 텐데 시간은 여전히 부족하다. 우리가 절약한 시간은 모두 어디로 숨은 것일까.

이유는 간단하다. 해야 할 일이 줄어든 것 같지만, 줄어든 만큼 채워졌고 만나야 할 사람도 줄어든 만큼 늘었다. 절약된 시간에 다른 일과를 채운 것이다. 교통 체증은 더욱 심해졌고 통신에 할애하는 시간도 늘었다. 편리를 위해 소유해야 하는 필수품도 많아졌다.

타인의 눈을 의식한 채 살다 보니 더 많은 노력과 다량의 시간이 필요해져 결국에는 만성 시간 기근이 들었다.

세계적인 석학 제레미 리프킨은 현대 기술에 대해 다음과 같이 말했다.

"시간을 절약해 주는 새로운 기술은 그것이 어떤 것이든 우리 활동의 리듬과 흐름을 가속화한다. 결국, 새 기술은 우리에게 더 많은 시간을 선물하는 것이 아니라 일거리만 더욱 부풀린다."

지금 우리는 풍요로움을 맛보기는커녕 시간이라는 귀중한 자원이 갈수록 줄어들고 있다. 시간이 줄어드는 것은 인간의 그칠 줄 모르는 욕망 때문이다. 욕망은 부풀기는 쉬워도 쉽게 꺼지지는 않는다. 사람들은 늘 새로운 욕망을 추구한다. 심리학자들은 이를 '쿨리지 효과'라고 부르는데 미국 대통령이었던 캘빈 쿨리지의 이름에서 딴 것이다. 다음은 쿨리지 효과의 배경이 되는 일화이다.

어느 날 부인과 함께 양계장을 방문한 쿨리지는 교미에 열중하고 있는 수탉을 보았다. 쿨리지 부인은 눈이 동그래져 농부에게 저 수탉이 암탉과 얼마나 자주 교미를 하느냐고 물었다. 하루에 열두 번도 넘는다는 농부의 대답에 부인은 다음과 같이 말했다.

"부디 그 사실을 제 남편에게 똑똑히 말씀해 주세요!"

이야기를 들은 쿨리지는 농부에게 수탉이 매번 같은 암탉과 교미를 하느냐고 물었다.

"아니죠. 무슨 말씀이세요. 늘 다른 암컷과 한답니다."

농부는 멋쩍은 얼굴로 대답했다. 쿨리지는 웃으며 다음과 같이 말했다.

"부디 그 사실을 제 아내에게 똑똑히 말씀해 주세요!"

새로움을 추구하는 욕망은 거역하기 힘들다. 시간에 쫓기며 허덕이는 일상은 더 나아지기 원하는 욕심과 주어진 것에 만족할 줄 모르는 무력감 때문에 발생한다. 철학자와 종교가들이 욕심을 버리라고 강조하는 것도 인간의 욕망에는 끝이 없음을 깨달았기 때문이다.

시간 기근에서 해방되려면 본능적인 충동과 욕망에 끌려다녀서는 안 된다. 버릴 것은 과감히 버리고 줄일 것은 확실히 줄여야 한다. 때로는 '무엇을 할까'보다 '무엇을 그만둘까'를 고민하라. 새로운 일을 한 가지 시작하려면 기존에 하던 일 한 가지를 그만두어야 한다. 그렇지 않으면 일이 점점 늘어나 종국에는 처리하기 어려워진다.

가정을 지키지 못하는
슬픈 가장

　가족은 세상에서 가장 든든한 지원군이자 버팀목이다. 사장이 사업을 위해 하루 8-9시간을 쓴다면 가정을 위해서는 하루 24시간을 써도 모자란다. 사장들 중에 가정을 돌보는 데 충분히 시간을 할애하는 사람은 100명 중 1명꼴이다. 가정은 정원을 가꾸듯이 관심과 사랑으로 보살펴야 한다. 사업을 위해 자신의 시간을 쏟아부어야 하는 사장에게 가정을 위해 충분한 시간을 낸다는 것은 쉽지 않은 일이다.

　J는 피나는 노력 끝에 젊은 나이에 사장이 되었다. 사업이 성공

가도를 달릴 무렵이었다. 아내에게 우울증이 찾아왔다.

"젊은 나이에 성공했지만, 가정은 망가졌습니다."

J사장의 한탄에는 가정이 행복하지 않으면 어떤 부귀영화도 소용없다는 탄식이 짙게 배어 있다.

L사장은 퇴직을 앞두고 아내가 이혼을 요구해 왔다. 사업을 돌보느라 가정에 소홀한 탓이었다. 그는 과거 일에만 매달려 가정에 소홀했던 자신을 자책했지만, 이미 어쩔 도리가 없었다.

가정을 지키기 위해서는 어떻게 해야 하는가. 가정은 시간이 날때 돌보는 것이 아니라 시간을 내서 돌보는 것이다. 가정을 위한 시간을 떼어 놓고 나머지를 사업에 투자해야 한다. 시간은 쓰는 요령에 따라 얼마든지 조율이 가능하다. 가정을 위해 반드시 시간을 내겠다고 결심하면 충분히 시간을 만들 수 있다.

많은 CEO들이 집에서 가족들과 보내는 시간을 단순 휴식 혹은 낭비로 여긴다. 자신의 사무실을 안식처로 여기는 사람들도 있다. 인생에서 중요한 것이 무엇인지 모르는 사람들이다.

아버지와 자녀들의 우선순위는 서로 다르다. 아버지는 '생계를 책임지는 것'이 먼저지만, 자녀들은 '가족과 함께 지내기'가 먼저다. 아버지는 환경적 요건을, 자녀들은 정서적 유대를 원한다. 가장이라면 자녀들이 진짜 원하는 것이 무엇인지, 필요한 것이 무엇인지에 관심을 가져야 한다. 자녀의 어린 시절은 금방 지나간다. 여유가 생길 때를 바라면 아이들의 어린 시절은 이미 지나가고 없다. 자녀와 함께하는 가장 좋은 때는 지금이다. 아름다운 선물 같은 추억을 만들기 위해 시간을 내야 한다. 가장이 가족에게 줄 수 있는 최대의 선물은 시간임을 명심하라.

P사장은 일주일에 4일은 일찍 귀가해 식구들과 함께 저녁을 먹는다는 규칙을 정해서 실천하고 있다. A사장은 매주 목요일 저녁을 아내와 함께 시간을 보내는 이른바 '데이트의 날'로 정했다. K사장은 한 달에 한 번 아내를 위한 깜짝 선물을 준비한다. 어떤 달에는 꽃을, 어떤 달에는 책을 선물하며 아내에게 관심을 표현한다. 방법은 서로 다르지만, 가정의 평화를 지키려는 목표는 같다.

"눈에서 멀어지면 마음에서도 멀어진다."

유명한 영어 속담으로 가정도 마찬가지다. 눈에 보이지 않으면 관심을 두기 어렵다. 가장이 가정생활에 소홀하면 반드시 문제가 생긴다. 사장은 한 회사의 사장이기 전에 한 가정의 가장이다. 회사에서의 역할도 중요하지만, 가정을 다스리는 가장으로서 일과 가정의 평화 사이에서 균형을 잘 잡아야 한다. 사장에게 최대의 복병은 가정임을 깨닫고 문제가 생기기 전에 미리미리 대비해야 한다.

가정을 수호하는 저녁 시간

한가한 저녁 시간은 가정을 보호하는 필수 요소이다. 대한민국

직장인들의 문화를 대표하는 두 가지가 있다. 폭탄주와 일중독이다. 보건복지부의 발표에 따르면 주 4일 이상 가족과 저녁 식사를 하는 비율은 66.5퍼센트다. 40대 남성은 57퍼센트로 더 낮다. 주말을 빼면 평일에 두 번 이상 가족과 식사하는 경우를 말한다. 6년 전 76퍼센트에서 10퍼센트 가량 감소했다. 그만큼 삶에 여유가 사라진 것이다. 평일에 가족과 보내는 시간도 106분밖에 안 된다. 미국 등 선진국은 우리와 문화가 다르다. 그들은 일찍 퇴근해 가정에서 많은 시간을 보낸다. 퇴근 후 집에서 여가를 즐기거나 정원을 가꾸며 시간을 보낸다.

이 땅의 직장인들은 일과 술로 저녁을 보내다가 새벽 무렵 심야 버스를 타고 귀가한다. 대화의 주제도 일과 회사에서 크게 벗어나지 않는다. 저녁이 없는 삶은 비참하다. 저녁이 없는 삶에 익숙해진 것은 일과 성공을 우선하던 시대의 가치와 방식 때문이다. 행복의 방정식은 세계 공통이다. 가정이 행복해야 나라가 행복하다.

가정이 '사랑의 보금자리'라는 말에 공감되지 않는 것은 우리들의 모습이 이전과 달라졌기 때문이다. 지금의 가정은 잠시 들러 쉬다가 먹을 것을 먹고 사라지기 바쁜 휴게소와 같다. 가족과 맺는 관계는 형식적이고 오히려 직장 동료들과 더 많은 시간을 보낸다. 회사가 집이 되고 집이 회사처럼 되고 말았다.

소설가 최인호는 가정에 대해 다음과 같이 정의했다.

"가정이야말로 신이 주신 축복의 성소다. 가정이 바로 교회요 수도원이고 사찰이다."

가족과 함께하는 시간을 늘리고 가족 저녁 식사 비율을 70퍼센트 이상으로 올려 보자. 가정을 지키기 위해 시간을 많이 할애하여 사랑이 넘치는 가정으로 회복하자.

07

사장도
휴가를 기다린다

우리의 일상적인 삶은 일과 휴식으로 구분된다. 엄밀하게 말하면 우리의 삶은 '활동Activity'의 연속이다. 활동에 '업무 활동Work Activity'과 '휴식 활동Leisure Activity'이 포함되어 있다. 일과 휴식의 조화는 살면서 늘 고민하고 생각해야 하는 과제이다. 어떤 환경 속에서도 계획을 잘 세우고 합당하게 행동한다면 생산적인 삶을 창조할 수 있다.

업무와 주위 환경, 목표와 시간 활용 능력은 사람마다 다르다. 자신의 처지에 맞는 생활 습관을 들인다면 지금보다 훨씬 더 효과적인 삶을 살 수 있다. 같은 상황이지만, 대처하는 방식도 사람마다 다르다. 다음의 이야기를 통해 살펴보자.

많은 사람을 태운 배가 폭풍우를 만나 낯선 섬에 잠시 정박하게 되었다. 섬은 싱싱한 과일나무와 온갖 꽃으로 뒤덮인 아름다운 섬이었다. 승객들의 반응은 다섯 가지로 나뉘었다.

첫 번째 부류는 날이 개면 즉시 닻을 올리고 떠날 생각에 배고픔과 하선의 유혹을 참고 배에 남았다.

두 번째 부류는 상륙해서 과일을 먹고 쉬다가 적당한 시간에 되돌아왔다.

세 번째 부류는 상륙해서 마음껏 즐기다가 배에 닻이 올라가는 것을 보고 뒤늦게 돌아와 배 안의 좋은 자리를 놓쳤다.

네 번째 부류는 섬에서 정신없이 놀다가 배가 움직이는 것을 본 뒤 급하게 뛰어오느라 상처투성이가 되었다.

다섯 번째 부류는 노는 데 정신이 팔려 배가 떠나는 것도 모르고 있다가 끝내 섬에서 병들어 죽었다.

《탈무드》에 나오는 이야기로 상황을 판단하여 적절한 행동을 취해야 한다는 교훈을 담고 있다. 우리가 하루를 보내는 방식, 일하는 방식, 휴식을 취하는 방식 등은 오랫동안 길러온 습관의 영향을 받는다. 타성에 젖어 있기 때문에 쉽게 고쳐지지 않는다. 변화를 외면하고 현실에 안주하려는 사람은 퇴보한다. 늘 자신의 생활 습관을 점검하고 문제가 있다면 개선하기 위해 최선을 다해야 한다.

전략적으로 휴식을 취해야 하는 이유

미국 국민들의 사랑과 존경을 한몸에 받았던 퍼스트레이디 엘리노어 루스벨트. 백악관에서 12년 동안 힘든 일들을 해낼 수 있었던 비결에 대해 기자가 질문하자 그녀는 다음과 같이 대답했다.

"비결이 있어요. 저는 사람들과 인터뷰하거나 연설하기 전에 반드시 하는 일이 있답니다. 의자 깊숙이 몸을 기대고 눈을 감은 뒤 20분 정도 휴식을 취해요."

그녀는 전략적으로 휴식을 취하면서 원기를 보충했다. 전략적인 휴식은 왜 필요할까. 휴식은 생존에 절대적으로 필요한 조건이며 평소에 휴식하는 습관을 기르지 않으면 시간이 남아돌아도 참다운 휴식을 취할 수 없다.

우리는 업무 시간만 중요하다고 생각하지 쉬는 시간 혹은 노는 시간은 중요하게 생각하지 않는다. 특히 우리는 휴식에 대해 관대하지 않다. 열심히 일해서 경제적인 성공은 이루었지만, 휴식 수준은 형편없다. 경제적 이익과 수입을 위해 삶의 여유를 포기한 듯하다.

한국의 40대 남자 사망률은 부동의 세계 1위이다. 우리나라의 노동시간은 세계 최장이다. 우리에게는 일중독 성향이 있다. 피곤함을 수시로 느끼지만, 다른 사람들도 마찬가지일 것이라 생각하며 버티고 있다. 한번 뿐인 인생을 어리석게 사는 것이다.

일과 휴식의 비율이 적절할 때 시간의 가치와 삶의 질이 결정된다. 일에만 몰두하는 사람은 노예이다. 노예가 되지 않으려면 먼저 휴식 시간을 정해야 한다. '피곤해서' 혹은 '일이 없어서'라는 생각은 휴식을 방해한다. 휴식은 의무이며 재충전을 위한 투자의 시간이라고 생각해야 한다.

건강 전도사, 행복 전도사로 알려진 H 박사는 휴식의 중요성을 누구보다 잘 알았지만, 정작 자신은 쇄도하는 강의와 바쁜 일정 탓에 제대로 쉬지 못했다. 결국 그는 병을 얻어 67세의 일기로 타계했다. 우리의 육체는 분명히 한계가 있다. 자신의 건강을 과신하여 무리하면 안 된다. 정기적으로 휴식을 취하지 않으면 기력이 쇠하고 활동력이 감퇴된다.

신문의 부고란을 보면 많은 명사들이 이른 나이에 세상을 떠남을 알 수 있다. 대개는 과로로 얻은 질병으로 세상을 떠난다. 휴식 없이 일만 하니 육체와 정신이 일찍 피폐해진 것이다. 자기 관리에 소홀한 탓에 10년, 20년, 혹은 30년의 삶을 포기한 것이다. 휴식의 기술을 배우고 즐기는 것은 생명을 구하는 일과 직결됨을 명심하자.

사장에게 휴식이 필요한 이유

한국인은 시간이 있어도 잘 놀지 못하는데 노는 것에 서툴기 때문이다. 노는 데 서툰 이유는 습관이 들지 않았고 경험이 부족해서이다.

어느 CEO의 경험담이다. 그는 몇 년 전 뉴욕에 가서 매우 당혹스러운 경험을 하고 돌아왔다. 출장 업무를 마치고 이틀 정도 여유가 생겼는데 그에게는 할 일이 없었다. 변화무쌍한 도시 뉴욕에서 그가 할 수 있는 것이라고는 고작 귀국 일을 기다리는 것이었다. 사전에 계획된 일이 없어 결국 시간만 흘려보내다가 귀국했다. 그는 그때 자신의 휴식 능력이 부족함을 깨달았다고 했다.

현재 우리 사회는 끊임없이 목표를 제시하며 부지런히 달성하라고 독촉한다. 사람들의 삶에는 여유가 사라졌고 성격은 조급하게 변했다. 잠시도 가만히 있지를 못한다. 가만히 있으면 큰일이 나는 줄 안다. 이제 우리는 올바른 휴식 문화를 구축하고 삶의 본질을 깨달아야 한다.

고대 이스라엘 민족은 휴식이 일하는 시간보다 더 거룩하다고 믿었다. 이스라엘 민족은 독특한 휴식 문화를 가졌다. 그들의 노동 철학은 '열심히 일하라'가 아닌 '우선 잘 쉬어라'이다. 창세기 1장을 살펴보면 '저녁이 되고 아침이 되니'라는 구절이 여러 곳에서 나온다. 그들의 하루는 저녁에서 시작된다. 먼저 쉬고 일하는 것이 그들의 생활 규칙이다. 안식일을 철저하게 지키는 것도 세계 도처에 사는 이스라엘인 고유의 원칙이다. 그들은 안식일뿐 아니라 안식년, 희년제도를 만들어서 지켜 왔다. 수천 년 전부터 안식 문화를 지켜 온 덕분에 이스라엘 민족은 다른 민족이 따라갈 수 없는 창의성을 갖게 되었다.

휴식을 위해서는 각고의 노력이 필요하다. 휴식과 여유를 사치라고 여기는 고정관념을 버리고 생존의 필수 요인이라고 생각해야 한다. 휴식을 자신에게 주는 최고의 선물이라고 생각하자. 휴식 시간을 의도적으로라도 갖기 시작하면 금세 습관이 된다. 일만 하지 말고 생각할 시간, 자신을 돌아볼 여유를 가져야 한다. 천천히 땅을 밟고 사람들을 만나고 자연을 관찰하는 여유가 필요하다.

사장은 누구보다도 과로하기 쉽고 스트레스를 받기 쉬워 특히 관심을 가지고 올바른 휴식 습관을 기르고 실천해야 한다. 사장은 직원들보다 시간의 활용이 자유롭기 때문에 마음만 먹으면 얼마든지 양질의 휴식 습관을 들일 수 있다. 여유를 찾고 휴식을 즐기는 것이 처음에는 쉽지 않을 수도 있다. 휴식의 중요성을 깨닫고 일상생활에서 습관을 들이기 시작하면 삶에 작은 변화들이 생길 것이다.

여행이 사장에게 미치는 영향

일 년 내내 일에 파묻혀 사는 사장에게 여행을 권고하면 뚱딴지같은 소리라며 반문할 것이다. 어떤 사장에게는 여행이 사치처럼 느껴질 수도 있다. 사장은 아무리 바빠도 시간을 내서 여행해야 한다. 사람은 여행을 통해서 얻는 것이 분명히 있다. 사장에게 여행이 필요한 이유는 다음과 같다.

첫째, 새로운 문물을 접하기 위함이다. 익숙한 곳에만 너무 오래 머무르면 우물 안의 개구리가 된다. 사장은 견문이 넓어야 하며 가치 있는 정보를 향해 항상 촉이 서 있어야 한다. 새로운 환경과 낯선 경험은 휴식과 동시에 새로운 것을 향해 촉을 세우는 데 도움이 된다.

둘째, 자기를 발견하기 위함이다. 일상에서 벗어나면 이전에는 미처 깨닫지 못했던 자신을 발견하게 된다. 여행을 통해 사장이라는 이름 아래 숨겨온 자신의 모습과 마주하게 되는 것이다.

셋째, 미래를 구상하기 위함이다. 여행은 혼자 있는 시간과 생각할 시간을 제공한다. 여행지에서 떠오른 자유분방한 생각이 사업에 도움이 되기도 한다.

넷째, 심신의 휴식과 치료를 위해서이다. 저널리스트이자 소설가인 엘리자베스 길버트는 불행이 극에 달했을 때 1년간 여행을 떠났다. 이탈리아, 인도, 인도네시아를 돌아다니며 그녀는 마음껏 먹고 기도하고 사랑하면서 행복한 사람이 되었다. 그녀는 자신의 경험을 바탕으로 《먹고 기도하고 사랑하라》를 써서 많은 사람에게 사랑받았다. 꼭 긴 여행일 필요는 없다. 짧은 여행에도 심신의 치유 효과는 충분하다.

08

사장에게 오늘은
선물이다

시간은 시제에 따라 과거, 현재, 미래로 구분한다. 각 시제마다 특징이 있는데 나열하면 다음과 같다.

과거는 우리의 기억과 경험에 존재하는 고정된 시간이다. 우리의 성격, 기억, 학력, 경험, 업적 등은 과거의 산물이다. 현재는 과거를 토대로 이루어져 있다. 우리는 과거를 돌아보며 교훈을 얻는다. 국가의 과거는 전통과 문화이다. 과거에 이룬 것이 없는 개인과 전통이 없는 단체나 국가의 미래는 불안정할 수밖에 없다. 과거는 인류의 위대한 스승이다. 과거를 모르거나 과거에서 교훈을 얻지 못하면 같은 잘못을 반복하게 된다.

현재는 자신이 살고 있는 시점을 말한다. 현재는 순식간에 지나가 버린다. 현재가 중요한 이유는 살아 있음을 확인하기 때문이며 꿈을 가질 수 있기 때문이다. 현재의 선택과 결단으로 미래가 결정된다. 현재는 영어로 'Present'인데 '선물'이라는 뜻을 가지고 있다. 매 순간은 개봉을 기다리는 선물과도 같아서 기대와 설레는 마음으로 맞이해야 한다. 앞으로 우리에게 다가올 시간들은 모두 새로운 시간이기 때문에 잡념과 근심을 끊고 현재에 몰입해야 한다.

미래는 희망, 꿈, 소원, 열망으로 우리 곁에 존재한다. 미래는 언제나 열려 있으며 무한한 가능성을 내포하고 있다. 젊음이 좋은 것은 미래가 많이 남았기 때문이다. 과거에 실패했더라도 재기의 시간이 충분하다.

사람은 저마다 시간에 대한 편견이 있고 좋아하는 시제가 있다. 우리는 위 세 가지 시제 속에서 생각하고 발언하며 경영, 관리, 지도한다. 선호하는 시제만 알아도 사장의 성향과 기질을 파악할 수 있다.

과거 지향형 사장은 어제의 찬란했던 성공만 생각한다.

현재 집착형 사장은 오늘의 번영에만 도취해 있다.

미래 지향형 사장은 내일의 발견과 혁신에만 몰두한다.

세 시제 중 현재가 가장 중요하긴 하지만, 과거, 현재, 미래가 고루 균형을 이루어야 한다.

과거에만 집착하면 미래가 암담해지며 현재를 부정하게 된다. 극단적인 보수주의자들의 주된 성향이다.

미래에만 집착하면 과거와 현재를 무시한 채 현실과 동떨어진 삶을 살게 된다. 공상가나 이상주의자가 되기 쉽다.

현재에만 집착하면 쾌락주의자가 된다. 현재만을 즐기는 사람은 미래에 희망이 없다.

미래를 내다보며 웅대한 꿈을 꾸되 때로는 과거를 돌아보면서 잘못된 점을 깨닫고 주어진 현재에 충실하게 사는 것이 가장 바람직하다.

시간을 친구로 만들어라. 우리에게는 오늘이 있다. 오늘은 모두에게 똑같이 주어졌다. 일주일, 한 달, 일 년을 보장받은 사람은 아무도 없다. 삶이 예측 불가능함을 깨달을 때 비로소 시간의 강박에서 벗어나 오늘을 즐겁게 보낼 수 있다. 우리의 지배력이 미치는 시간은 오직 지금뿐이다.

삶의 방향감각이 없거나 일상의 능력과 목표가 없다면 삶이 어디로 흘러가는지도 모른 채 정처 없이 방황하며 시간을 보낼 것이다. 그렇기 때문에 우리는 최선을 다해 지금 여기, 오늘을 살아야 한다.

"하루에 대한 계획을 세우지 않는 사람은 시작하기 전에 실패한다" 루이스 K. 벤델의 말이다. 우리는 하루를 온전히 살기 위해 자신을 격려해야 한다. 계획이 없으면 우리는 24시간 외로움과 허탈감에 빠져 시간을 허비하고 말 것이다.

미래는 중요하지만, 미래보다 더 중요한 것은 현재이며 현재보다 더 중요한 것은 오늘이다.

그리고 오늘보다 더 중요한 것, 그것은 바로 지금이다.

아무도 할 수 없다고 말하는 일을 누군가는 하고 있다.

Someone is always doing what someone else said could not be done.

성공한 사장들의
시간 관리법

빌 게이츠: 돈 줍는 시간도 아까운 CEO

세계 최고의 부자, 세계에서 가장 존경받는 기업인, 컴퓨터의 황제, 인터넷 혁명의 기수, 세계 최고의 자선 사업가.

모두 빌 게이츠를 수식하는 단어이다. 그는 1995년 윈도우를 개발하며 세계 소프트웨어 시장을 석권했다. 그는 31세의 나이로 역사상 가장 젊은 억만장자가 되었다.

그가 어떻게 젊은 나이에 대성할 수 있었는지 그의 성공을 시간 관리 측면에서 살펴보자.

세 살 때 들인 습관이 평생을 좌우한다

빌 게이츠는 기회의 땅이라 불리는 미국에서 태어나 훌륭한 양친 밑에서 자랐다. 그의 아버지는 시애틀의 유능한 변호사였고 어머니는 금융 기업의 임원이었다. 빌 게이츠는 어머니의 영향으로 어린 시절부터 남다른 시간 관리 습관이 있었다. 그는 숙제나 악기 연주 등 그날 해야 할 일은 반드시 그날 안에 마쳤다. 그의 어머니는 요일별로 다른 색의 옷을 입혔고 규칙적으로 식사하라고 가르쳤으며 모든 일을 계획적으로 실행해 시간 낭비를 최소화하는 습관을 들이도록 했다. '세 살 버릇 여든 간다'라는 속담처럼 어릴 때 들인 습관은 평생 간다. 어릴 때 올바른 습관을 형성하는 것은 남보다 앞서 가는 비결이다. 자녀를 대성시키려면 어릴 때부터 좋은 시간 관리 습관을 들이도록 해야 한다.

시간도 돈처럼 아껴 쓴다

빌 게이츠는 친구들끼리 모여 잡담으로 시간을 죽이는 것을 몹시 싫어했다. 친구와 약속이 있으면 어떤 주제로 이야기할지 미리 생각했다. 시간이 아까워 길에 떨어진 돈을 보고도 그냥 지나쳤다는 일화가 있을 정도로 그는 시간을 아껴 썼다. 그는 세계에서 가장 바쁜 인물로 통한다. 그는 과거 여러 차례 한국을 방문했는데 분 단위로 스케줄을 짜서 다니는 모습으로 주위 사람들을 깜짝 놀라게 했다.

그는 동시에 여러 가지 일을 하는 데도 능숙하다. 헬스를 하면서 신문과 텔레비전을 보는 것이다. 시간은 복합적으로 쓰는 것도 중요하지만, 중요한 일은 한 번에 한 가지씩 해야 한다.

일하는 시간을 즐거워하다

빌 게이츠는 자신의 일을 무척 사랑한다. 그는 직원들보다 더 열심히 일해 1978년과 1984년 사이에는 15일밖에 쉬지 않고 일했다. 그는 일에 대한 자신의 열정을 다음과 같이 말했다.

"나는 일이 재미있기 때문에 열심히 한다. 사업을 흥미진진한 도전이라고 생각한다. 물론 재미로 사업을 한다는 뜻은 아니다. 나는 진지하게 사업을 한다. 보다 창조적인 자세로 인생을 도전으로 받아들인다면 인생과 일이 훨씬 재미있어질 것이다."

그는 피로를 모른 것이 아니라 일을 즐기면서 강한 정신력으로 피로감을 이겼다. 진정으로 일을 즐긴 그에게서 강한 정신력이 느껴진다.

장인 정신을 버려라

빌 게이츠는 오랜 시간 공들여 결점 없이 만든 소프트웨어를 고가에 파는 것보다 다소 완성도는 떨어지더라도 저가에 빨리 출시하는 것이 이익이라고 주장한다. 긴 시간을 들여 완벽한 제품을 내

놓는 것보다 불완전한 제품이지만, 세상에 출시해 시장의 반응을 살피고 수정 보완하는 것이 먼 미래를 내다봤을 때 사용자들에게도 이익이라는 것이다. 1분 1초가 다르게 변하는 정보통신 업계에서 살아남으려면 완벽함만 고집하는 장인 정신을 버려야 한다는 것이 그의 생존 전략이다.

생각하는 시간은 필수다

빌 게이츠는 1년에 두 차례 짐을 꾸려 인적 없는 호숫가 통나무 집이나 호텔에 들어가 2주를 '생각 주간'으로 정하고 지낸다. 이때는 휴대전화도 끄고 외부와의 접촉을 일절 금한다. 생각 주간에는 그동안 임직원들이 제출한 프로젝트와 보고서에 열중하여 치열하게 미래를 준비한다. 세계적인 경영 컨설턴트 대니얼 패트릭 포레스터는 기업과 경영자의 성공을 좌우하는 열쇠를 '생각하는 시간'이라고 주장한다. 개인 역시 일과 삶의 전체적 흐름을 통찰할 수 있는 '생각하는 시간'을 확보한다면 빌 게이츠처럼 현명한 사람이 될 수 있다고 강조한다.

생각이 깊어지면 사물에 대한 예리한 관찰력이 생기고 감수성도 깊어진다. 우리에게는 정보와 대화의 스위치를 끄고 문제만을 온전히 바라볼 수 있는 시간이 필요하다. 급변하는 세상에서 살아남는 비결은 생각하는 사람이 되는 것이다.

02

정주영:
시간이 최대의 자본이다

'경제 19단', '경제 대통령'으로 불린 현대그룹 회장 정주영. 그는 거인의 발걸음으로 한국 경제에 크나큰 발자취를 남겨 지금도 많은 사람들에게 최고의 경영자로 평가받는다.

농사꾼의 부지런한 피를 물려받다

정주영의 아버지는 동네에서도 소문난 부지런한 농사꾼이었다. 어머니 역시 아버지 못지않게 근면했다. 그는 자신의 부모님에 대해 다음과 같이 회고했다.

"아버님과 어머님의 근면함은 나의 일생에 가장 은혜로운 교훈이었고 오늘의 나를 있게 한 제일의 유산이다."

그는 소년 시절 가출해서 막노동과 장사 등 해 보지 않은 일이 없을 정도로 열심히 일해서 삶의 난관을 여러 차례 극복했다. 덕분에 그는 강인하고 현명해졌으며 근면의 미덕을 몸소 깨달았다.

시간은 생명이다

정주영은 시간의 가치를 아는 사람이었다. 그는 주베일 산업항 건설에 대해 다음과 같이 회고했다.

"주베일 산업항 건설은 20세기 문명의 집대성 같은 창조적 대작업이었다. 나는 우리 현대 전 직원들이 공사에서 고정관념의 노예가 되지 않도록 배전의 노력을 했다. '공기 단축'이라는 네 글자 외에는 아무 생각이 없었다. 열심히 생각하면 길은 있다. 공사 기간 단축에 좋은 아이디어를 내서 그렇게 했다. 우리가 성공한 것은 철저하게 시간을 관리했기 때문이다. 온갖 역경을 헤치면서 철저한 시간 운영으로 공사 기간을 단축하는 능력을 갖췄고 이 능력은 건설 원가를 줄여 주었다. 남들이 1년에 해내는 일을 우리는 9개월에 하는 능력이 있다. 공기를 줄이면 그만큼 금리와 임금 부담을 줄일 수 있기 때문에 남들이 1백억 원에 하는 공사를 우리는 80억 원으로 할 수가 있다. 그것이 우리의 경쟁력이며 성공 요인이다. 다들 '시간은 돈'이라고 하는데 나는 '시간은 생명'이라고 하고 싶다."

그는 직원들에게 일을 지시할 때도 시간에 여유를 주지 않았다.

"나는 어려운 일을 지시할 때도 긴 시간을 안 준다. '내일 아침까지 해 놓으시오'라고 한다. 직원들은 한가하지 않다. 시간을 길게 주면 내일, 모레, 글피로 미룬 뒤 다른 일을 하다가 발등에 불이 떨어졌을 때 지시한 일을 한다. 결국 졸속으로 처리해 쓸모없는 결과가 나올 것이다."

게으름을 혐오하다

정주영은 매일 오전 3시에 기상해서 5시에 아침 식사를 하고 회사에 출근했다. 그는 해가 빨리 뜨지 않는다고 역정을 낼 정도로 일을 좋아했다.

"나는 게으름을 피우는 것에 선천적인 혐오감이 있다. 시간은 지나가 버리면 그만이다. 사람들은 보통 적당히 게으름을 피우고 싶고, 재미있어지고 싶고, 편해지고 싶어 한다. '적당히'의 그물 사이로 귀중한 시간이 빠져나가게 두는 것처럼 우매한 것은 없다. 기업은 현실이고 행동으로 이루는 것이다. 똑똑한 사람들이 모여 앉아 머리로만 생각해서는 기업이 클 수 없다. 우선 행동해야 한다. 예를 들어 누군가를 만나야 할 때 만나야 한다는 판단과 동시에 벌떡 일어나 뛰어나가는 사람과 만나야겠다는 생각만 하고 미적대다가 행동을 한 시간 후로 미루는 사람이 있다. 일의 성사 결과로는 한 시간이 큰 차이가 없을지 모르나 사고방식의 차이는 누적되어 인생의 승패를 좌우한다."

시간을 버는 아이디어

훌륭한 아이디어는 시간과 경비, 노력을 무한히 절약해 준다. 정주영은 뛰어난 아이디어맨이었다. 서산 간척 사업 물막이 공사에서 그가 제시한 방법은 사람들을 놀라게 했다.

공사 지역은 바다 물살이 세서 방조제 공사가 불가능한 곳으로 알려져 있었다. 밀물·썰물 때의 유실을 최소화하기 위해 최신식 장비로 다양한 방법을 시도했지만, 거센 물살을 막을 수는 없었다. 그때 그의 머릿속에 고철로 팔기 위해 30억 원에 사들인 스웨덴 고철 선이 떠올랐다. 그는 유조선 급의 큰 배를 끌어다가 물줄기를 막아 놓고 양쪽 방조제에서 바윗덩어리를 투하하면 물막이가 될 것이라 생각했다.

그의 빛나는 아이디어로 공사가 재개되었고 이틀 만에 성공적으로 끝났다. 물막이 공사는 그의 아이디어로 2백90억 원의 공사비를 절감했으며 결과적으로는 지도를 바꾸고 3천3백만 평의 개펄을 얻었다. 그의 '유조선 공법'은 〈뉴스위크〉, 〈타임〉에 소개되며 세계적인 관심을 받았다.

워런 버핏:
1분 1초가 눈앞의 지폐보다 더 귀하다

1분 1초도 낭비하지 않는다

워런 버핏은 세계 최고의 투자가이자 부자로 알려져 있다. 그의 성공은 어린 시절부터 투자에 관심을 가지고 꾸준히 노력했기에 가능한 일이었다. 그는 1분 1초도 쓸데없이 낭비하지 않는다. 그가 고령임에도 불구하고 건강하게 일할 수 있는 것은 철저하게 시간을 관리하며 부지런히 일하기 때문이다. 그는 지금도 아침 일찍 회사로 출근해 일한다. 그는 아침에 게으름을 피우면 몸이 아프다고 할 정도로 일찍 일어나 일하는 습관이 몸에 배어 있다.

그가 회사에 출근해 제일 먼저 하는 일은 신문을 읽고 국제 금융 시장을 분석하는 것이다. 미국을 대표하는 경제 신문 〈월스트리트 저널〉과 영국의 〈파이낸셜 타임스〉를 꼭 읽고 〈뉴욕타임스〉, 〈워싱턴 포스트〉 등 종합 신문을 읽으며 세계 경제와 국제 정치가 어떻게 돌아가는지 살펴본다. 그는 바쁜 행사가 있거나 약속이 있어도 매일 아침 신문과 잡지를 읽는다. '정보가 곧 돈'이라는 신념 때문이다. 주식 투자는 정보가 생명이다. 고급 정보를 얻거나 국제 경제의 흐름을 잘 알고 있어야 투자로 수익을 낼 수 있다. 정보 없이 주식에 투자하는 것만큼 맹목적인 일은 없다.

모든 일은 철저하고 치밀하게

워런 버핏은 신문과 잡지 읽기를 통해 정보 수집이 끝나면 기업들의 분석 자료와 재무 보고서를 챙긴다. 그의 책상에는 기업 보고서가 산더미처럼 쌓여 있다. 전 세계에서 배달된 기업들의 보고서가 그를 기다리고 있다. 그는 신중하게 검토해 향후 투자할 기업을 선정한다. 그는 하루에 약 20-30개의 보고서를 분석하고 검토한다. 젊은 분석가들도 열 군데 기업만 분석해도 피로가 쌓여 녹초가 되는데 그는 오랜 경험과 철저한 시간 관리를 바탕으로 그들보다 더 많은 양의 보고서를 처리한다.

기업 보고서 검토가 끝나면 이전에 투자한 기업들의 최고 경영자나 향후 투자 계획이 있는 기업의 최고 경영자와 통화를 한다. 보통 하루에 20명 정도와 통화를 한다. 최고 경영자들의 생각과 경영 방침은 어떤지 일일이 전화를 걸어 확인한다. 그는 매사에 철저하고 치밀한 성격의 소유자이다.

일에 대한 열정이 최고의 보약이다

인생의 철학, 좌우명, 성공의 비결을 묻는 기자의 질문에 그는 다음과 같이 대답했다.

"아침에 일어나서 무엇을 할지 생각할 때 신문 1면에 그 일이 기사로 나서 다른 사람들이 읽어도 되는지 자신에게 물어보십시오. 그러면 당신은 그 일을 전과는 다르게, 새롭게 시도할 것입니다."

안이한 자세로는 절대 성공할 수 없다. 그는 항상 새롭게 준비하고 개척해 나가는 도전 정신을 중요하게 생각한다.

"회장님의 건강 비결은 무엇입니까?"

한국 특파원이 묻자 그는 다음과 같이 대답했다.

"저는 담배를 피우지 않아요. 저는 제가 하는 일을 좋아하고 즐기기 때문에 스트레스를 받지 않아요."

그는 늘 자기 일에서 즐거움을 찾고 삶의 보람을 얻는다. 그의 건강 비결은 자기 일에 대한 정열에 있었다.

04

김영식:
10미터만 더 뛰어봐!

일기 쓰시는 회장님

천호식품의 김영식 회장은 군 복무를 마친 뒤 외판에 투신하여 1984년 회사를 창업해 지금까지 이끌어 오고 있다. 10년 전만 해도 그는 사업의 위기로 소주 한 병에 소시지 하나로 허기를 달래며 강남 지하철에서 전단을 뿌려야 했다. 그는 밑바닥에서 시작해 지금의 정상까지 올라온 입지전적인 인물로 '뚝심 대장', '인간 발전기'로 통한다. 비전문 분야의 사업에 무리하게 투자해 IMF 때 완전히 거덜 난 그는 반지를 저당 잡혀 마련한 사업 자금 130만 원으로 재기에 도전했다. '강화 사자발쑥 진액', '산수유 환', '통마늘 진액' 등의 대박 상품으로 이름을 알리며 그는 재기에 성공했다. 맨손으로 시작한 회사의 규모는 어느덧 천 억 원대가 되었다. 쓰러진 자리에서 다시 일어나 재기에 성공한 그의 이야기는 많은 사람에게 감동을 준다. 그는 사업 재기를 꿈꾸며 매일 일기를 썼는데 시간 관리방법이 매우 인상적이다.

그의 일기 중 일부이다.

"5시에 기상하여 씻고 운동하고 양산 생산 본부에 도착하니 7시 20분. 7시 50분에 간부들과 조회를 하고 공장 한 바퀴 돌고 다시 부산 덕포동 콜센터로 가서 결제하고 2시 30분 비행기로 서울. 5시 30분에 〈여성 조선〉 인터뷰하고, 저녁 모임 갔다가 취침."

"다음날 7시 호텔에서 조찬하고 KBS 어윤태 회장님 강의 도중 나와 서울 사무실에 와서 8시 30분부터 30분간 조회하고, 9시 20분에 KNN 라디오 생방송 인터뷰하고 미팅 후 천안에 있는 삼성 모바일 디스플레이 팀장 약 380명 강의 후 6시 기차로 부산."

그는 자신의 일과를 세밀하게 기록하며 오직 목표를 위해서만 시간을 썼다. 바쁜 일정의 연속이었지만, 철저한 준비성과 계획을 바탕으로 소화해 냈다. 그는 매일 일기를 쓰며 그날의 판매 현황과 만난 사람, 했던 생각, 판매 아이디어 등을 기록한다. 일기를 쓰면 그날 자기가 한 일을 평가할 수 있어 자기 발전에 도움이 된다.

그는 목표 지향적이다. 그는 목표의 중요성과 위력을 일찍이 깨닫고 다음과 같이 말했다.

"확실한 목표 설정이 없으면 아무것도 안 된다. 한 발짝도 앞으로 나아갈 수 없다. 그냥 열심히 사는 것, 노력하는 것만 가지고는 안 된다. 다들 노력하면서 산다. 문제는 목표다. 어떤 목표를 세우고 얼마만큼 노력을 집중하느냐가 관건이다. 목표를 확실하게 정한 뒤 10미터를 더 뛰면 42,195킬로미터를 완주할 수 있다. 지금 내 휴대전화에 표시된 목표는 '천호식품 일본 공략!'이다. 예전과 지금 나의 환경은 180도 달라졌지만, 목표를 향한 열정, 그리고 10미터를 더 뛴다는 삶의 자세는 달라지지 않았다. 목표를 정했으면 휴대전화 액정에 박아 두는 것이 좋다. 휴대전화는 누구나 다 가지고 있으며 시시때때로 쳐다본다. 그래서 스스로가 목표를 잘 지키는 사람인지 그렇지 않은 사람인지를 수시로 관찰할 수 있다. 우선 이것부터 시작하자. 목표를 정하고 휴대전화에 그 목표를 '콱' 박아 두는 것 말이다."

그가 말하는 10미터란 아주 작은 눈앞의 목표이다. 달성 가능한 목표, 현실적인 목표를 세우고 달성해 가라는 뜻에서 '우보만리', '일신우일신'과도 맥락이 같다.

그는 직원들에게도 목표를 세우고 추진하도록 지시한다. 실행

가능한 목표를 설정하도록 한다. 그는 자신이 설정한 목표를 100퍼센트 달성하면 탄력이 붙어 더 큰 목표도 이룰 수 있다고 확신한다.

탁월한 실행가

그는 탁월한 실행가이다. 그가 거둔 성공의 8할은 생각을 실천에 옮긴 결과였다. 그는 자기 회사의 제품에 대한 확신을 바탕으로 만나는 사람들마다 제품을 소개했다. '미쳐야, 미친다'라는 말은 그를 두고 하는 말 같았다. 그는 열심히 전단을 돌리며 제품을 홍보했다. 새벽에 일어나 전의를 다지고 6시 무렵 강남역 지하도 입구에서 전단을 배포했으며 서울과 부산을 오가는 비행기 안에서도 전단을 배포했다. 공장이 있는 부산과 판매 회사인 서울을 오가며 생산, 회계, 판매, 홍보 등 모든 일에 직접 나섰다. 당시 직원은 서울과 부산을 합해 모두 4명이었다.

그는 다양한 모임에 빠짐없이 참석했다. 모임에 나가면 발언 기회를 얻어 상품에 관한 이야기를 했다. 성공은 준비하고 계획을 실천하는 사람에게만 온다. 위기라고 생각할 때 빨리 초심으로 돌아가야 한다. 작은 것부터 새롭게 출발하는 것이 성공의 지름길이다.

철저한 준비성

그는 매사에 철저히 준비한다. 수첩을 가지고 다니면서 보고 들는 것을 모두 메모한다. 메모는 혼자서만 보지 않고 가까운 사람들과 공유한다. 회사 간부들에게 문자 메시지로 보내거나 메신저로 알려 준다. 지인들에게도 마찬가지다. 모임에 나가기 전에는 수첩을 보며 가장 적합한 것을 골라 문안으로 만들어 연습한다. 심지어 건배 구호도 미리 만들어 연습하고 나간다. 연습은 주로 비행기나 차로 이동하는 시간에 한다. 여러 사람과 함께 메시지를 나누어야 할 때도 미리 준비한다. 설령 친한 사람과 단둘이 만나거나 가족들을 만날 때도 '밥은 먹었는지', '별일 없었는지' 등의 통상적인 말 외에도 해 주고 싶은 말 혹은 해야 할 말을 미리 준비한다.

그는 어떤 모임이든 아무 생각 없이 나가지 않는다. 해야 할 말, 자신의 몫을 꼭 챙겨서 나간다. 그는 매사에 준비된 사람, 정확한 사람이 되어야 성공에 가까워진다고 믿는다. 일이 생겼을 때 즉각적으로 하려면 실수가 생기고 놓치는 것이 많다. 대부분 큰일을 할 때만 준비하고 작은 일을 하거나 친한 사람을 만날 때는 기본만 하려는 습관이 있는데 성공을 위해서는 반드시 고쳐야 한다.

그는 준비된 대답과 질문, 인사말, 문자 메시지, 선물 등이 특별한 인생을 만든다고 확신한다.

05

스티브 잡스: 24시간을 열정으로 가득 채우다

항상 갈망하라

스티브 잡스는 창의성의 아이콘이라 해도 과언이 아니다. 그의 독특한 발상은 세계를 완전히 뒤바꿔 놓았다. IT 업계의 신화, 창조, 혁신의 아이콘으로 불린 그가 사망했다는 소식은 전 세계 사람들에게 큰 충격이었다.

"항상 갈망하라."

"하루하루를 인생의 마지막 날처럼 살아가라."

"진정으로 일에 만족하는 길은 위대한 일을 하고 있다고 믿는 것이다. 아직 그런 일을 찾지 못했다면 계속 찾아라. 포기하지 마라."

그가 떠난 이후 그의 입에서 나온 말들은 전 세계적으로 알려지며 귀한 어록으로 사람들의 가슴에 새겨졌다. 인생의 중요한 순간마다 부정을 긍정으로, 좌절을 희망으로, 고통을 인내로, 실패를 성공으로 뒤바꾼 그의 일대기는 많은 사람에게 귀감과 본보기가 되었다. 사장들은 그의 기업가 정신과 독특한 시간 관리법을 배울 필요가 있다.

열정의 화신

그는 열정의 화신이었다. 다음은 그가 스탠퍼드대학의 졸업식 연설에서 한 말이다.

"오늘이 내 인생의 마지막 날이라면 지금 하려고 하는 일을 할 것인가? 만약 이 질문에 '아니요'라는 답을 계속 얻는다면 그때는 변화가 필요하다고 생각합니다."

그의 열정을 엿볼 수 있는 대목이다. 그에게 열정은 곧 생명이었다. 그는 각 분야의 전문가들을 모아서 살인적인 업무 강도를 소화하며 완벽한 성능의 컴퓨터를 만들었다. 강한 의지와 열정, 대담한 상상력이 없었다면 불가능한 일이었다. 그가 보내는 시간에는 언제나 열정이 자리했고 덕분에 창의와 상상력이 넘쳤다.

그의 일중독은 주위 사람들이 혀를 내두를 정도였다. 그는 세운 목표를 달성하기 전까지 절대 포기하지 않았다. 불가능해 보이는 높은 목표를 내걸고 독려하는 잡스의 기대에 부응하기 위해 기술자들은 철야 작업을 마다치 않고 개발에 몰두했고 1984년, 마침내 매킨토시를 세상에 선보였다.

잡스는 불가능처럼 보이는 높은 수준에 도전할 것을 요구하며 직원들을 한계로 몰고 간다. 성공한 당사자들조차 '내가 이것을 해내다니'라고 놀랄 만큼 많은 일을 시킨다.

그는 상대방의 최선을 이끌어 내는 데 탁월한 소질이 있었다. 간혹 자신의 결점을 드러내 상대방을 안심시키고, 이해심 많은 아버지처럼 타이르고 칭찬했지만, 주특기는 상대를 강하게 질책하는 것이었다. 그는 타인의 분발을 이끌어 내기 위해 식은땀을 흘리게 하는 일도 주저하지 않았다.

얼마나 오래했느냐가 아니라 무엇을 했느냐가 중요하다

그는 성과를 중시한다. 남보다 오래 일한다고 해서 칭찬하지 않는다. 설령 일주일 연속으로 철야 작업을 해도 성과가 미흡하면 무능력자로 취급했다. 그는 상식을 파괴하며 새로운 것에 도전했고 자기 일을 즐겼다.

그에게는 성공 뒤에 가려진 실패의 흔적도 있었는데 실패를 딛고 일어선 그의 추진력은 많은 사람에게 귀감이 된다. 그는 일이 안되겠다 싶으면 빠르게 포기하고 대안을 찾았다. 무엇을 해야 할지,

하지 말아야 할지를 잘 판단하여 시간 낭비를 줄였다. 그가 다른 사람들과 다른 점은 무엇을 할지가 아니라 무엇을 하지 않을지를 결정하는 일이 더 중요하다고 믿었다는 것이다.

더 단순하게

그는 단순함을 중요하게 생각했다. 누구에게도 형식과 격식을 요구하지 않았다. 아이폰의 단순한 디자인처럼 군더더기 없이 애플을 경영하고자 했다. 쉽게 이해할 수 있는 것이 성공할 확률도 높다. '심플 스틱'은 그가 애용한 경영 원칙이었다. 그는 회의에 불필요한 사람이 참석했을 때, 제품의 기능이나 디자인이 복잡하기만 할 때, 두세 마디면 끝날 이야기를 겉만 번드르르한 발표 자료로 만들어 회의 시간을 길게 할 때 심플 스틱을 내세워서 중단했다.

형식과 절차에 매몰될 때 귀중한 시간이 버려진다는 것을 기억하라. 사장들은 그의 단순화 전략을 활용하면 불필요한 시간 낭비를 막을 수 있다.

시간을 내 편으로 만들면 모든 것이 내 편이 된다

그는 인내할 줄 아는 사람이었다. 때로는 기다림이 승리를 가져온다. 때를 기다리는 것은 매우 중요하다. 시대에 발맞추는 것도 성공을 위한 방법이다. 사업뿐만 아니라 삶에서도 성공하려면 때를 알고 기다려야 한다.

"프로젝트를 망치는 가장 손쉬운 방법은 넉넉한 시간이다. 프로젝트팀을 시간 손실 없이 지속해서 가동해야만 분명한 목표를 향해 창의적으로 사고하며 산만함을 최소화할 수 있다."

그는 시간을 아껴야 할 때와 느긋하게 기다려야 할 때를 구분했다.

현재 어려움에 처해 있다고 해서 조급해하거나 자포자기해서는 안 된다. 어려운 때일수록 차분하게 자신이 맡은 일을 착실히 해 나가야 한다. 그러다 보면 성과는 자연히 뒤따라온다.

갖지 못한 것을 갖고자 한다면, 해보지 않은 일을 해야만 한다.

If you want to have what you have not, you must do what you do not.

시간 관리,
제대로 알고 하자

건전한 시간 의식의 중요성

사장은 업무의 최종 의사 결정권자로 바쁜 하루를 보낸다. 특히 능력이 뛰어나 다방면의 일을 한다면 시간은 더욱 부족하다. 사장은 기본 업무 처리를 우선적으로 해야 한다.

먼저 직원들이 업무 수행에 어려움을 겪지 않도록 지도해야 한다. 회사의 비전을 연구하고 발전을 위해 투자해야 하며 사회 활동도 게을리할 수 없다. 자신의 삶에도 충실해야 한다. 건강관리, 교양을 넓히는 일, 취미 활동, 가정을 돌보는 일에도 소홀해서는 안된다. 이렇게 다양한 일들을 소화하다 보면 하루가 48시간이 된다고 해도 턱없이 부족하다. 비서를 고용하는 것도 사장의 일정을 관리하고 조율하는 데 전문성이 필요하기 때문이다. 사장은 한 개인이지만, 회사의 대표인 이상 자신의 시간을 온전히 자기 것으로만 생각할 수는 없다.

어떤 사장은 바쁜 일정을 여유롭게 소화하는데, 어떤 사장은 허둥지둥 일만 벌이고 제대로 마무리하는 일이 없다. 차이는 시간 관리에 있다. 시간을 자신의 의지 대로 부릴 것인가 아니면 시간에 손발이 묶여 끌려다닐 것인가는 당신에게 달려 있다. 시간 관리는 심적 여유뿐만 아니라 업무의 효율에도 영향을 준다. 이 장에서는 사장이 반드시 알아야 할 중요한 시간 관리 기술에 대해 살펴볼 것이다.

시간의 가치를 진정으로 이해하자

"시간의 가치를 아는 사람에게 행운이 달려온다."

시간의 가치에 대해 생각하게 되는 서양 속담이다. 시간의 가치를 진정으로 아는 사람은 많지 않다. 소중한 것을 잘 관리하기 위해서는 중요성과 가치를 깨달아야 한다. 재능, 건강, 물질, 가정, 평화의 가치를 깨달은 사람은 잃지 않기 위해서 부단히 노력한다.

짧은 인생이지만, 늘 기억해야 하는 것이 세 가지 있다고 한다. 첫째는 시간의 가치이고 둘째는 일의 보람, 셋째는 사랑의 기쁨이다. 세 가지가 빠지면 사람은 허수아비나 마찬가지다. 영국의 신대

류 개척자 윌리엄 펜은 시간에 대해 다음과 같이 말했다.

"우리에게 있어서 시간과 비교할 수 있는 것은 하나도 없다. 시간보다 더 중요한 것은 없다. 왜냐하면 시간이 없다면 우리는 이 세상에서 아무것도 할 수 없기 때문이다."

능력, 금전, 경험, 정보 등 우리에게 가치 있는 자원은 많지만, 가장 가치 있는 것은 시간이다. 시간은 값으로 환산할 수 없는 자원이다. 시간은 다른 자원을 활용하는 데 반드시 필요하다. 돈이 아무리 많아도 쓸 시간이 없다면 무용하다.

평소 우리는 시간의 가치를 느끼며 살아야 한다. 가치를 깨달아야 선용할 수 있으며 낭비를 막을 수 있다. 시간은 매우 유용한 자원이지만, 누구에게나 동일하게 무료로 주어지기 때문에 가치를 깨닫지 못한다. 만약 시간을 돈을 주고 사야 한다면 가치를 훨씬 더 예민하게 느낄 것이다. 사장의 시간은 특히 돈과 직결되기 때문에 가치를 깨닫고 아낄 수 있어야 한다.

시간을 대하는 기본자세는 시간의 가치와 귀중함을 깊이 깨닫는 것이다. 시간의 가치를 제대로 평가하는 사람은 많지 않다. 시간의 중요성을 깨닫기만 해도 삶에 큰 변화가 일어난다. 사장은 시간의 '자린고비'가 되어야 한다. 시간에 대해서 통이 큰 사람, 시간을 아끼지 않는 사람은 절대 성공할 수 없다.

사장에게 반드시 필요한 시간 개념

사장에게 시간은 가장 귀한 자원이다. 시간은 유한하며 대체할 수 있는 자원이 없다. 시간은 크게 '경비'와 '투자'의 개념으로 구분할 수 있다.

경비의 시간은 일의 성과를 올리는 비용을 말한다. 이때는 효율과 효과를 높이며 시간을 절약하는 데 집중해야 한다.

투자의 시간은 당장의 이익을 떠나서 미래를 위해 투자하거나 연구하는 시간이다. 투자의 시간은 높은 부가가치를 낳는다. 문제를 해결하기 위해 고민하는 것도 투자의 시간이다. 이때는 무조건 빠르게 서두르기보다는 꾸준히 인내하는 것이 중요하다.

중요한 것은 '줄여야 하는 시간'과 '늘려야 하는 시간'을 올바르게 구분하는 것이다. 사장은 시간에 예민해야 한다. 다음은 사장이 특히 유념해야 하는 시간 개념에 대한 설명으로 모호한 시간 관리 개념을 체계적으로 정리하는 데 도움이 될 것이다.

① 특정 시점Point: 특정한 때, 연기할 수 없는 때를 의미한다. 추석, 연휴, 음악회 날짜, 열차나 비행기 승차권에 표시된 날짜 등이다.

② 적시適時: 기회 혹은 호기를 의미한다.

③ 시간 지체Time Lag: 시차를 뜻한다. 시차에 따라 전혀 다른 결과가 생긴다. 도로가 혼잡할 때 출발하면 길이 밀려 평소보다 늦은 시간에 목적지에 도착한다. 점심때도 사람들로 붐비는 시간을 피

해서 가면 여유롭게 식사할 수 있다.

④ 예약Reservation: 시간을 미리 잡아 놓는 것을 말한다. 예약해 두면 쌍방 모두 시간을 벌 수 있으며 일에 대한 만족도도 높아진다.

⑤ 마감Deadlines: 시간 엄수와 비슷한 말로 오늘날 특히 중요한 개념이다. 마감 시간은 신뢰와 직결되므로 공과 사를 막론하고 철저히 지켜야 한다. 아무리 훌륭하게 일을 해도 마감을 넘기면 무효인 경우가 많다.

⑥ 붐Boom: 갑자기 찾아와서 순식간에 사라지는 단기간의 호경기를 말한다. 장사하는 사람이라면 이때 노력을 집중해 판매 실적을 올려야 한다. 품절 혹은 재고가 발생하지 않도록 조정하는 것도 하나의 요령이다.

⑦ 정기적Regular: 시간의 흐름과 주기의 일정함을 말한다. 열차 시각표, 정기 항공편, 정기간행물, 일간신문, 월간지, 계간지, 정기적금 등 개인이나 단체의 연례행사도 여기에 포함된다.

⑧ 시간 절약Time Saving: 교통과 통신 수단의 발달로 시간을 매우 절약할 수 있게 되었다. 기업은 시간 절약으로 생산과 판매를 증진시킬 수 있으며 기회 손실 역시 감소시킬 수 있다.

⑨ 일과성_過性: 한 번만 전개되고 두 번 다시 되풀이되지 않는 성질을 말한다. 기회도 본질적으로는 일과성이기 때문에 정확한 예측과 민첩한 행동으로 포착해야 한다.

⑩ 좋은 시간Good Time: 업무 능률을 최대한 올릴 수 있는 시간이다. 주의력이 뛰어나고 두뇌 회전이 활발한 시간이다.

⑪ 골든 타임Golden Time: 결정적인 시간을 뜻한다.

⑫ 성수기Peak Time: 서비스의 수요, 이용이 최고조에 달하는 시간이다.

⑬ 프라임 타임Prime Time: 황금 시간대. 라디오나 텔레비전에서 청취율 혹은 시청률이 가장 높은 시간대를 뜻하는데 보통은 오후 7-10시이다. 두뇌 에너지가 가장 충만한 시간이어서 선택과 집중에 유리하다.

⑭ 나쁜 시간Bad Time: 정신이 산만한 시간, 병든 상태의 시간, 불안한 시간이다.

⑮ 시간 엄수Just In Time: 약어로 'JIT'라고도 한다. 시간을 정확히 지킨다는 의미이다. 시간의 불규칙, 차질을 허용하지 않는다.

⑯ 기회비용Opportunity Cost: 하나의 재화를 선택했을 때 포기해야 하는 재화의 가치를 말한다. 기회비용은 우리가 선택할 때마다 발생한다. 한 가지를 선택하면 다른 것은 포기한다는 의미이다. 선택의 폭이 넓을수록 기회비용도 늘어난다.

⑰ 파킨슨의 법칙Parkinson's Law: '일은 완성을 위해 허용된 시간을 채울 때까지 지속된다'라고 파킨슨 교수가 주장한 법칙이다. 시간이 남으면 빈둥거리기 쉬우므로 허용된 시간을 줄이면 빨리 일

을 처리할 수 있다.

⑱ 일중독Workaholism: 일에 지나치게 빠진 것을 의미한다. 사람들은 알코올에 중독되듯이 일에도 중독될 수 있다.

⑲ 완벽주의Perfectionism: 지나치게 완벽함을 추구하는 것을 의미한다. 도를 넘어선 완벽주의는 시간 낭비이며 좌절감과 노이로제만 가져다줄 뿐이다.

⑳ 스마트 워커Smart Worker: 업무 효율성을 극대화해 짧은 시간에 높은 성과를 내서 남는 시간에는 여가 활동을 하는 근로자를 말한다.

02

사장의 시간 관리 핵심 전략: 3P를 잡아라!

바둑을 배우려면 당장 기원으로 달려가는 것이 아니라 교본을 사서 이론을 충분히 익혀야 한다. 시간 관리도 마찬가지다. 올바른 시간 관리를 배우려면 원리를 알아야 한다. 이론이 뒷받침 되어야 실전으로 옮길 수 있다. 원리를 익히는 것은 실전에서 엄청난 격차를 만든다.

50대 후반의 한 CEO가 탁구를 배우기 시작했다. 그는 매일 정해진 시간에 코치에게 지도를 받으면서 꾸준히 연습했다. 그는 1년 후 탁구를 잘하는 두 명의 친구와 시합을 해서 모두 이겼다. 본인의 실력 향상에 자신도 깜짝 놀랐다. 기술을 끊임없이 연마하면 실전에서 매우 유용하게 쓰인다. 시간 관리도 마찬가지다. 관리의 올바른 원리를 터득하고 기술을 연마하면 자신도 모르게 능력이 크게 향상된다. 사장에게 특히 유용한 시간 관리의 원리는 다음과 같다.

- 예민한 시간 감각을 가진다.
- 명확한 목표를 세운다.
- 우선순위를 올바로 결정한다.
- 계획을 현실적으로 짠다.
- 시간 낭비를 최소화한다.
- 효과적으로 의사소통한다.
- 시간을 절약하는 도구들을 적절히 사용한다.
- 충실한 하루를 창조한다.
- 기분과 스트레스, 분노를 잘 다스린다.
- 균형과 조화를 이루는 삶을 산다.

〈사장의 시간 관리 핵심 3P〉
① 목표 Purpose

- 목표 지향적인 삶

흔히 인생에는 지름길이 없다고 한다. 과연 그럴까. 인생에는 분명히 지름길이 있다. 올바른 목표 설정이야말로 인생의 지름길이다.

여행의 목적지를 정하는 것처럼 인생에도 반드시 목표가 필요하다.

성공한 삶이란 가치 있는 목표를 설정하고 추구하며 달성하는 삶을 말한다. 한 가지 목표를 달성하면 다른 목표를 추구하는 습관을 들여 반복한다.

목표 설정은 인생뿐 아니라 시간 관리에서도 핵심 원리이다. 일을 시작하기 전에는 먼저 목표를 세워야 한다. 목표를 세울 때는 현실적인 목표를 세워야 한다. 현실과 거리가 멀고 허황된 것은 실패하기 쉽다. 잘못된 목표 선정은 엉뚱한 목적지로 가는 것과 같다. 길을 잘못 들어서면 간 거리만큼 손해를 보게 된다.

인생의 끝에 섰을 때 후회하는 사람들이 많다. 할 수 있었는데 하지 않았거나 하지 말았어야 하는 일을 해서 후회한다. 목표를 세우지 않았거나 잘못된 목표를 세워서 후회한다.

목표를 세우면 유익이 많다. 목표가 뚜렷한 사람은 행복하다. 매일 아침 다이어리에 오늘 해야 할 일을 기록한 뒤 완수한 것은 지워나가 보라. 작은 성취감이 느껴질 것이다. 아무리 바빠도 목표가 있으면 시간을 내서 일을 추진할 수 있다. 목표가 있는 사람은 똑같은 것을 해도 더 많이 이루어 낸다.

성공하는 사장은 회사에 대한 목표를 세울 때 달성할 수 있다는 자신감도 크다. 사장이 해야 하는 중요한 일 중 하나가 구체적인 중·장기 목표를 세워 회사의 방향을 제시하는 것이다. 공언한 목표는 반드시 이루기 위해 노력해야 하며 이후에는 평가와 반성의 시간도 가져야 한다. 사업뿐만 아니라 공부나 운동, 예술도 구체적인 목표를 세워서 하면 더 좋은 결과를 얻는다.

아무리 바빠도 목표부터 세우고 일을 추진하기 바란다. 목표가 이끄는 삶을 살면 만사가 형통한다.

• 목표의 생명은 명확성

"목표는 미래에 달성할 바람직한 결과이다."

목표의 정의이다. 위 문장에는 네 가지 핵심 단어가 있다. 첫째, '미래'라는 시제이다. 현재와 미래는 시간상 차이가 있다. 둘째, '달성'이다. 달성해도 그만, 못해도 그만인 것은 목표가 아니다. 목표는 어렵지만, 달성할 수 있는 현실적인 것이어야 한다. 셋째, '바람직한'이다. 목표는 시작할 때는 도전 의식을 불러일으키며 달성 후에는 성취감을 주어야 한다. 넷째, '결과'이다. 결과는 가급적 수치로 표현할 수 있는 명확한 것이어야 한다.

다음의 목표를 살펴보자.

목표1: 12월 말까지 교양 도서 50권을 읽는다.

목표2: 30세 이전에 교육학 박사 학위를 취득한다.

목표3: 새해에는 작년보다 매출액을 20퍼센트 높인다.

목표는 과녁과 같다. 분명하게 보여야 한다. 목표의 생명은 명확성이다. 너무나 당연한 사실임에도 우리는 종종 잊는다. 목표가 분명하지 않으면 방향을 잃고 우왕좌왕하기 쉬움을 명심하라.

호랑이를 조련할 때는 등받이가 없는 다리가 네 개인 의자를 사용한다고 한다. 호랑이에게 의자를 내밀면 무섭게 울긴 하지만, 네 곳에 모두 신경을 쓰느라 대들지는 못한다. 호랑이의 눈에는 의자 다리가 자신을 공격하는 존재처럼 보이는데 네 개가 동시에 공격하니 혼란스러워 대들지 못하는 것이다. 사람도 마찬가지다. 초점을 모을 곳이 분명하지 않으면 무기력해진다. 목표 없는 사람은 무기력하고 지리멸렬한 삶을 살 수밖에 없다.

목표를 명확하게 설정하는 원리가 있다. 목표가 분명하면 달성 방법도 명확해진다. 명확한 목표를 세우기 위해서는 목표를 수치화하고 반드시 기록해야 한다. 목표가 명확해야 더 큰 목표를 성취할 수 있다. 목표를 다른 사람 앞에서 발표하거나 큰 소리로 반복해서 외치는 것도 도움이 된다.

• 매력 있는 목표를 세워라

사장은 어떤 목표를 세워야 할까. 사장은 회사의 목표도 세워야 하고 개인의 목표도 세워야 한다. 공동으로 이룰 목표는 웅장해야 도전 의식이 생긴다. 중도에 포기하는 것은 목표 자체가 매력이 없기 때문이다. 만약 목표가 시간과 노력을 아낌없이 투자할 정도로 매력적인 것이라면 절대 중단하지 않을 것이다.

• 목표를 효과적으로 달성하는 전략

시오노 나나미는 《로마인 이야기》를 15권으로 완성한다는 목표를 세웠다. 목표는 실로 거창했다. 그녀는 매년 한 권씩 15년에 걸쳐 완성하기로 했다. 이후 현지를 답사하고 30년간 로마와 르네상스 시대를 독학했다. 그녀는 15년을 한결같이 목표에만 매진했다. 병이 발견될까 두려워 일부러 의사도 만나지 않았다.

큰 목표는 작게 나누면 다스리기 쉬워진다. 자신이 해낼 수 있는 현실적인 목표를 세우면 어떤 목표든지 이룰 수 있다. 거대한 목표는 실현 가능한 상태로 세분화해야 한다. 위대한 건축물도 벽돌 한 장을 올리는 데서 시작한다. 목표를 작은 단위로 나누면 무엇을 해야 할지가 분명해지고 달성 가능성이 높아진다. 의욕만 가지고 무작정 시작하기보다는 설정한 목표와 현실의 간격을 파악하고 합당한 전략을 세우는 것이 바람직하다.

• 목표 설정 연습

회사의 주요 목표를 써 보라. 사장은 회사의 본래 목적과 주요 목표를 달성하기 위해 존재한다.

- 내년에 완성해야 할 목표를 10가지만 적어 보라.
- 다음 달에 완성해야 할 목표를 5가지만 적어 보라.
- 다음 주에 완성해야 할 목표를 5가지만 적어 보라.
- 오늘 완성해야 할 목표를 5가지만 적어 보라.

• 흑자 인생을 사는 비결

미국의 철강 회사 베들레헴에 찰스 스왑 회장이 취임했을 때였다. 당시 회사는 적자에 허덕이고 있었다. 그때 아이비 리라는 사람이 스왑 회장을 찾아와 위기를 극복하는 방법을 제안했다. 회장은 그의 제안을 받아들였고 자신뿐 아니라 직원 전체가 그의 지시에 따르도록 했다. 3개월 동안 그의 제안을 실천한 결과 적자였던 회사는 흑자로 돌아섰다. 아이비 리가 제안한 방법은 다음의 다섯 가지였다.

• 내일 해야 하는 일 중 가장 중요한 것을 6가지 적는다.

• 중요도에 따라 번호를 매긴다.

• 아침에는 1순위의 일만 본다.

• 1순위의 일이 완성될 때까지 계속한다.

• 나머지 일도 똑같은 방식으로 한다. 한 번에 한 가지씩, 그날을 마칠 때까지 계속해서 한다.

위 방법을 따라 하다 보면 삶에 질서가 잡히고 생산성도 높아진다. K 사장은 벤처 사업을 시작하여 단기간에 대단한 성공을 거두었다. 성공이 매체를 통해 알려지자 방송 출연과 기업체 강연 요청이 쇄도했고 그는 바쁜 일정을 소화해야 했다. 눈부신 성공도 잠시, 회사는 부도가 났고 결국 문을 닫고 말았다. 부도의 가장 큰 원인은 K 사장이 경영자로서 사업을 돌보지 못한 데 있었다. 그는 자신에게 가장 중요한 일은 방송 출연과 강연이 아니라 사업을 돌보고 새로운 프로젝트를 개발하는 것임을 깨닫고 후회했다.

위 사례는 모두 우선순위에 대한 이야기이다. 우선순위는 목표나 과제, 일이 다른 것보다 중요하기 때문에 우선적으로 처리해야 함을 의미한다. 일할 때 우선순위를 정해야 하는 이유는 다음과 같다. 첫째, 해야 할 일들이 수없이 혹은 무질서하게 몰려와 정리할 필요가 있다. 둘째, 우리가 가진 시간과 에너지는 무한하지 않다.

우선순위를 결정하는 능력은 행복과 번영을 가져다준다. 우선순위를 잘 결정하면 승승장구하며 흑자 인생을 살게 된다. 우선순위를 결정하지 않거나 잘못 결정하면 적자 인생을 면하기 어렵다. 개인, 회사, 국가의 흥망성쇠는 우선순위와 관련되어 있다. 일의 결과는 선택과 결정에 따라 달라진다.

우선순위를 결정하는 것이 어느 때는 쉽고 간단하지만, 매우 어렵고 복잡할 때도 있다. 특히 상황이 복잡해 선택할 사항이 많고 중요한 일일 때는 선택이 결코 쉽지 않다. 판단력이 부족한 것도 우선순위를 정하는 데 어려움을 준다. 대부분의 사람들이 올바른 것보다는 좋아하는 것을 하려고 하기 때문이다.

• 우선순위를 정하는 방법

사장은 우선순위 감각이 탁월해야 한다. 그의 의사 결정이 사업의 방향, 회사의 앞날, 더 나아가서는 국가의 장래를 좌우하기 때문이다. 일의 규모와 관계없이 심사숙고해서 결정하는 습관을 들여야 한다. 한번만 더 생각하면 보다 나은 결정을 내릴 수 있다. 급하게 결정하면 직관에 의존해 순간적으로 판단하기 때문에 일을 그르치기 쉽다. 기분과 감정이 아니라 이성적으로 판단해야 실수를 면한다.

긴급한 일보다는 중요한 일을 먼저 처리해야 한다. 중요한 일은 목표와 관계되어 있고 긴급한 일은 시간과 관계되어 있다. 모든 일은 다음의 다섯 가지 상황으로 구분된다.

- 중요하고 긴급한 일: 이사 회의, 납품 기일
- 중요하지만, 긴급하지 않은 일: 직원 연수, 정례 회의, 건강관리
- 긴급하지만, 중요하지 않은 일: 고객 만남, 메일 답신
- 중요하지도 않고 긴급하지도 않은 일: 잡무, 정기간행물 읽기
- 시간을 낭비하는 일: 잡담, 불필요한 모임

마감 시간이 촉박하거나 고객의 불만을 처리하는 것은 긴급한 일에 속한다. 건강을 지키기 위해 운동하거나 자기 계발을 위한 공부, 창업 아이디어를 생각하는 것은 중요한 일이다. 대부분은 긴급한 일을 먼저 하려고 한다. 급한 일을 우선적으로 처리하다 보면 정신없이 바쁘게는 살지만, 삶에 만족감을 느끼지 못한다. 긴급하면서도 중요한 일은 자신을 향한 투자이자 회사와 자신의 미래를 성공으로 이끄는 밑거름이 된다.

평상시에는 기본 책임을 다하는 데 우선순위를 두어야 한다. 기

본적으로 해야 하는 업무를 우선순위에 따라 10가지만 작성해 두어도 업무를 처리하는 데 매우 유용할 것이다. 업무 시간일 때만큼은 자신의 위치를 잊지 말아야 한다.

위기나 비상 상황에서 최우선순위는 생명을 구하는 것이고 상황을 평정하는 것은 그다음이다. 누구나 비상 상황에는 우선순위를 잊게 된다. 평소 위기에 대비해 우선순위 매뉴얼을 숙지하는 것도 도움이 된다. 위기 상황을 가정하고 평상시에 훈련하기 바란다.

• 우선순위 지키기와 재조정

우선순위는 올바로 정해야 할 뿐 아니라 잘 지켜야 한다. 우선순위가 자주 바뀌면 혼란스러울 뿐만 아니라 자신감도 사라진다. 우선순위를 지키기 힘든 것은 예기치 못한 일들이 발생하기 때문이다. 의지가 약한 것도 원인이 된다.

우선순위를 잘 지키기 위해서는 강한 의지가 필요하다. 늘 목표를 기억하고 일을 해야 하며 한 가지 일을 끝낸 뒤에 다른 일을 시작해야 한다. 한 가지 일에 너무 많은 시간을 들여서는 안 된다. 외부의 유혹과 청탁을 효과적으로 거절할 수 있어야 한다.

다음은 우선순위를 지키는 중요한 질문이다.

"내가 지금 올바른 일을 하는가?"

장소와 때를 가려 올바른 일을 한다면 우선순위를 잘 지키고 있는 것이다. 시간이 지나고 상황이 변하면 우선순위도 바뀐다. 오늘의 우선순위가 내일의 우선순위가 되지는 않는다. 사장은 때에 따라 현재 가장 중요한 일이 무엇인지 파악해 우선순위를 조정해야 한다.

우리는 인생의 각 시기를 지나면서 우선순위가 달라짐을 깨닫는다. 유년기, 청소년기, 청년기, 장년기, 노년기의 우선순위는 각각 다르다. 사람에게는 언제 어디서나 책임과 기능이 주어진다. 우선순위가 인생에서 균형과 조화를 이루도록 잘 조정하는 지혜를 발휘해야 한다.

③ 계획 Plan

• 매사에 계획을 세워야 한다

계획의 사전적 정의는 다음과 같다.

"계획은 목적을 수행하기 위해 앞으로 할 일에 대한 방법이나 절차가 담긴 단계별 목록이나 도표 및 내용을 가리킨다. 혹은 이런 내용을 정하는 일 자체를 가리키기도 한다. 비슷한 용어로는 '전략'이 있다."

계획이란 할 일을 미리 결정하는 것이다. 우리의 일상은 계획의 연속이다. 언제 일어날 것인지 아침 식사로는 무엇을 먹을 것이며, 어떤 옷을 입고 외출하며, 오전에는 무슨 일을 하고, 오후에는 누구를 만날까, 언제 귀가할까 등 해야 할 일을 미리 생각하며 산다.

계획은 삶의 다양한 영역에 사용된다. 인생 계획, 다이어트 계획, 여행 계획, 휴가 계획, 결혼 계획, 사업 계획 등 계획은 삶의 모든 면에 필요하다. 계획이 있어야 꿈과 목표를 달성할 수 있다. 계획을 세워야 시간과 물질, 자원과 노력을 효율적으로 사용할 수 있다.

계획을 세우면 다음의 이점이 있다. 첫째, 우리가 어느 정도 노력을 해야 하는지 가늠할 수 있다. 둘째, 계획이 있으면 같은 잘못을 반복하지 않는다. 셋째, 계획은 시간을 낭비하지 않도록 도와준다. 넷째, 계획을 통해 능력의 한계를 가늠할 수 있으며 우선순위를 정할 때도 도움이 된다.

시간 관리와 계획은 한 몸처럼 붙어 다닌다. 계획을 잘 세우면 시간을 몇 배 더 늘려서 사용할 수 있으며 혼돈과 무질서를 극복할 수 있다. 5분의 시간도 잘 계획해서 쓰면 계획하지 않은 1시간보다 더 많은 일을 할 수 있다. 1만 원의 돈도 잘 계획해서 쓰면 계획 없이 쓰는 10만 원보다 더 유용하게 쓸 수 있다.

회사를 경영하는 사장에게 계획은 무척 중요하다. 회사의 장기적 성과를 높이기 위해서는 사내 역량을 잘 조직해야 한다. 계획은 언제나 결과를 예언한다. 얼마나 훌륭한 계획을 세웠느냐에 따라 실현 가능성이 결정된다. 과학과 기술이 발달하면 할수록 사회변동은 더욱 심해진다. 생존을 위해서도 계획은 앞으로 더 중요해질 것이다.

매사에 계획을 세우는 습관을 들여야 한다. 효과는 그다음이다. 계획이 없는 것보다는 잘못된 계획이라도 있는 것이 낫다. 잘못된 계획은 시정을 통해 발전시킬 수 있기 때문이다. 다음의 실화는 계획의 중요성을 보여 준다.

알프스 산중에서 스위스 산악 부대원들이 훈련을 하고 있을 때였다. 갑자기 불어닥친 폭설에 대원들은 방향을 잃고 조난당했다. 한 치 앞이 보이지 않을 정도로 쏟아지는 눈에 한 발자국도 내딛기 어려운 상황이었다. 탈진한 부대원들이 절망하고 있을 때였다. 한 부대원이 배낭에서 지도를 발견했다. 결국, 지도를 바탕으로 가장 가까운 마을을 찾아 내려간 끝에 모두 무사히 구조됐다. 여기서 놀라운 것은 대원들의 생명을 구한 지도였다. 부대원들이 본 지도가 알프스 산이 아닌 스페인의 피레네 산맥 지도였던 것이다. 지도가 아예 없는 것보다 잘못된 지도라도 있는 것이 때로는 나을 수 있음을 시사하는 이야기다. 명심하라. 어떤 계획이라도 전혀 세우지 않는 것보다는 낫다.

계획에 대해 물었을 때 분명하게 대답하는 사람은 의외로 적다.

"내일 무엇을 하려고 하십니까?"

"새해에는 특별한 계획이 있나요?"

"올해 휴가 계획은 세우셨습니까?"

"은퇴 후에는 어떤 계획을 세우고 계십니까?"

보통은 위 질문에 대해서 다음과 같이 대답한다.

"글쎄요, 그때 가 봐야 알겠습니다."

뚜렷한 계획이 없기 때문이다. 우리나라 속담에 '아닌 밤중에 홍

두께'라는 말이 있다. 전혀 예기치 않던 일이나 말을 갑자기 꺼냄으로써 상대방을 당황하게 하는 경우를 뜻한다. 서양 사람들은 미리 계획을 세워 일하는 습관이 몸에 배어 있다. 반면에 우리는 일이 생기면 그때야 움직인다. 급변하는 사회에서 계획을 세워 차근차근 실행하는 것은 어렵지만, 그럴수록 더 치밀한 계획을 세우기 위해 노력해야 한다. 계획의 중요성을 잊지 않고 일찍이 습관을 들이면 인생을 풍요롭게 살 수 있다.

• 현실적인 계획을 세워야 한다

"계획에 실패하는 것은 실패를 계획한 것과 같다. 계획을 정확하게 세우는 것이 가장 중요한 열쇠다."

알렌 맥킨지의 말이다. 비현실적인 계획을 세우는 사람들이 있다. 예를 들어 보통 반년이나 1년 정도 걸리는 일을 한 달 내에 끝내겠다고 하거나, 저축한 돈이 없으면서도 대출로 집을 사겠다고 하는 경우이다. 목표를 달성하기 위해서는 충분히 시간을 내서 계획을 세워야 한다. 현실감이 없는 계획을 세우는 것은 허공을 향해 공을 던지는 것과 같다.

목표는 크게 가질수록 좋다. 다만 역량 이상의 계획을 세우고 한 번에 해치우려는 태도는 현명하지 못하다. 실행할 수 있는 계획을 세우고 착실히 달성해야 한다. 자기 역량에 맞는 계획을 세우는 것이 무엇보다 중요하다. 계획은 계단을 오르듯이 한 단계씩 오르는 훈련이며 의지와 실행력을 기르는 과정이다. 계획은 신뢰와도 깊은 연관이 있다.

이순신 장군은 왜적과 23번 싸워 모두 승리했다. 그는 중국의 병법 책을 두루 읽어 병법에 통달했으며 적의 침입을 예견하고 치밀하게 준비했다. 다산 정약용은 수원성을 건설하기 전 치밀하게 계획을 세웠고 추진한지 2년 만에 완성했다.

한 CEO는 체중이 85킬로그램까지 늘어 혈압이 높아지자 의사가 체중 감량을 권했다. 여러 번 시도했으나 번번이 실패했다. 그는 목표를 낮추고 다음과 같이 단순하게 계획했다.

"6개월 내에 3킬로그램을 감량한다."

"식사 때 매끼 두 수저분의 밥을 덜어낸다."

"하루에 무조건 1만 보씩 걷는다."

꾸준한 실천 끝에 그는 9킬로그램을 감량하고 건강을 되찾았다. 치밀한 계획이 사장의 일분일초를 충실하게 만든다. 계획은 전날 밤에 꼼꼼히 짜두고 아침에 일어나 확인하고 바로 실행에 옮기는 것이 좋다. 미리 계획을 세우면 그렇게 하지 않았을 때보다 놀랄 만큼의 많은 일을 해낼 수 있다. 계획을 세우면 소리 없이 일이 진척된다. 많은 물을 바다로 흘려보내는 강일수록 흐름은 깊고 조용하다.

• 성공하는 계획 짜기

계획은 일을 완성하기 위해서 짜는 것이다. 계획은 세웠지만, 결과가 없다면 세우나 마나이다. 성취도가 높은 계획을 짜는 것이 중요하다. 다음은 성공하는 계획을 세우는 전략이다.

첫째, 미리 계획을 세운다. 미리 해야 계획을 탄탄하게 세울 수 있고 변동 상황에도 능동적으로 대처할 수 있으며 뜻밖의 기회와 행운을 잡을 수 있다. 미리 계획하면 일이 순조롭게 진행되며 마음도 편안해진다. 조급하게 계획하면 일을 망치기 쉽다.

둘째, 목표를 분명히 정한다. 계획은 목표를 정립하는 데서 시작된다. 계획을 세우기 전에 반드시 자신의 목표를 점검해야 한다.

셋째, 자신의 현재 상황을 분명히 파악해야 한다. 의욕만 앞서서는 안 되고 내부 상황과 외부 상황을 잘 살펴야 한다. 자신의 능력, 장점, 단점, 협조자, 장애 요인, 새로운 현실 등을 총체적으로 파악해야 한다.

넷째, 동원할 수 있는 모든 자원을 조직적으로 배열한다. 효과적인 배열을 위해서는 먼저 시간을 기록해야 한다. 언제 시작해서 마칠지, 활동마다 필요한 시간은 얼마인지 계산해야 한다. 시간에 따라 일의 순서를 합리적으로 짜야 한다. 이후에 필요한 활동, 재정, 인력 및 활용 가능한 자원과 수단을 기록한다. 시간과 비용의 투자 대비 얼마만큼의 효과를 거둘 수 있는지 냉정하게 판단하여 신중하게 결정한다. 일정표와 마감일을 주의 깊게 작성한 뒤 몇 번의 시정을 거쳐 계획서를 완성한다.

다섯째, 계획안이 완성되면 일을 추진하면서 달성 정도를 기록한다. 계획이 있어도 달성 정도를 체크하지 않으면 도중에 포기하기 쉽다.

여섯째, 어떤 일이 있어도 목표를 달성하겠다는 집념을 가진다. 시간이 갈수록 추진하는 의욕은 떨어질 수밖에 없지만, 목표에 대한 열정이 있다면 힘든 과정을 극복하는 원동력이 되어 목표를 달성할 수 있을 것이다.

• 계획을 잘 운영해야 한다

계획대로만 이루어진다면 무슨 문제가 있겠는가. 우리에게는 통제 밖의 영역이 있다. 미래는 불투명하다. 예상치 못한 일이 언제든지 발생할 수 있다. 계획은 목표를 달성하기 위한 하나의 수단이다. 계획을 고정적인 것으로 생각하지 말고 상황에 따라 언제든지 변경할 수 있는 것으로 생각해야 한다. 계획은 삶을 옭아매는 족쇄가 아니라 매 순간 최선을 다하기 위해 만든 편리한 도구이다.

목표는 생각보다 빨리 혹은 늦게 이루어진다. 목표를 이루는 방법은 무수히 많으며 경로도 다양하다. 사장은 목표를 달성하는 효과적인 방법을 늘 고민해야 한다. 오랫동안 노력했음에도 이루어지지 않는 목표가 있다면 계획을 수정하거나 목표를 변경하기 바란다. 애초에 달성할 수 없는 것은 아니었는지 혹은 시의성에 맞지 않는 것은 아닌지 검토하라. 만약 시기가 적절하지 않다면 일단 중

지하고 시일이 지난 후에 다시 시도하는 것도 방법이다.

목표, 우선순위, 계획은 한 몸처럼 붙어 다니는 시간 관리의 핵심 요소이다. 위 세 가지 핵심 원리는 반드시 익혀서 자기 것으로 만들어야 한다.

회사의 흥망성쇠에 대처하는 법

회사를 잘 운영해 나가려면 사업의 흥망성쇠에 대처하는 시간 관리법을 익혀야 한다. 세월이 흘러감에 따라 회사는 변한다. 경제 상황이 변하고, 고객이 변하고, 시장이 변하고, 사장도 변한다. 처음에 세웠던 계획에만 집착하면 실패한다.

변하는 환경을 끊임없이 주시하고 바뀐 현실에 맞춰 계획을 수정하며 새로운 방법을 모색해야 회사가 생존할 수 있다.

리더십에도 늘 변화를 도모해야 한다. 환경을 주시하고 변화에 따라 조정해 나가는 것이 현명한 사업 전략이다.

사장이 전천후로 늘 취해야 할 태도는 겸손하게 자신을 돌아보는 것이다. 공자는 일일삼성一日三省이라며 하루에 세 번씩 자신의 행동을 반성하라 했는데 한번만 살펴도 인격과 사업에 많은 발전이 있을 것이다.

아시아 최고 부자로 알려진 청쿵 그룹 리카싱 회장은 자신의 성공 비결을 겸손이라고 밝혔다. 그는 늘 자신에게 다음과 같이 질문한다고 했다.

"내가 자부심이 지나쳐 교만해진 것은 아닐까?

"내 잘못을 지적하는 사람들의 말을 들으려 하지 않은 것은 아닐까?"

"내 행동과 결정이 어떤 결과를 낳았는지 보려고 하지 않은 것은 아닐까?"

"예상되는 문제나 결과에 대해 미리 계획을 세우는 것을 게을리한 것은 아닐까?"

그는 '겸손은 모든 지식의 출발'이라고 말하며 교만에 사로잡히지 않아야 한다고 강조했다.

사업 초기: 천천히 성공하라

사업은 사전의 치밀한 준비와 전략이 필요하다. 큰 꿈을 가지고 시작했지만, 현실은 생각대로 되지 않는다. 사장은 수많은 시행착오를 직접 겪어 봐야 하며 단기적 성과에 연연하지 말아야 한다.

일희일비─喜─悲하는 태도를 버려야 한다. 한 번 성공했다고 해서 계속 성공한다는 보장은 없다. 그렇다고 매사에 돌다리 두드리듯 신중하기만 하면 사업에 진전이 없다. 때로는 모험심도 발휘해야 한다.

사업은 단거리 경주가 아니라 마라톤이다. 이익이 발생하려면 매우 긴 시간이 필요하다. 눈앞의 작은 성취에 연연하는 것은 바람직하지 못하지만, 직원들이 성과를 냈을 때는 보상을 아끼지 말아야 한다.

목표를 분명히 세우고 달성할 때마다 성과급을 지급하는 것도 좋은 방법이다. 마라톤 경기 중에 선수들에게 물을 주어 기력 회복을 돕는 것과 비슷하다. 항상 직원들을 안심시키며 그들이 꿈을 향해 달려가도록 격려해야 한다.

사장은 시행착오를 통해 교훈을 얻으며 사업의 방향을 수정해 나가야 한다. 사업 초기는 회사의 성공보다는 핵심 역량을 다지는 시기로 삼아야 한다.

뜻밖의 성과에 처음부터 욕심을 많이 내면 실패하기 쉽다. 자연스러운 속도로 성장해야 건강한 회사다. 모든 사업에는 자연스러운 성장 속도가 있다. 너무 늦거나 이르면 금방 시들거나 피지 못하고 져버릴 수도 있다.

경영자의 가장 중요한 역할은 자기 회사의 성장 속도를 감지해

지키는 것이다. 경영자는 새로운 고지로 병력을 이끄는 장수가 아니라 성장에 필요한 변화를 계획하고 이끄는 리더이다.

일본 회계사들 사이에 '지나침은 부족함의 시작'이라는 말이 있다. 회사의 발전 과정에서 가장 위험한 시기는 거침없이 성공하며 고수익을 올려 매출이 급속도로 증가할 때이다. 외적인 성과에 가려져 겉으로 드러나지 않는 문제를 양산할 수 있기 때문이다.

불경기나 외부 요인으로 매출과 이윤이 줄어들면 그릇된 판단과 잘못이 드러난다. 사업의 확장 시기는 불경기가 바닥을 칠 때다. 이윤과 매출이 치솟을 때는 보수적으로 행동하고 비용에 민감해져야 한다.

대기업이든 소기업이든 성장률로만 평가하면 회사에 큰 손해가 생긴다. 천천히 성장하는 회사가 빠르게 성장하는 회사보다 더 크게 성공할 수 있음을 기억하라.

사업의 호조: 영원한 승자는 없다

역사는 번영할 때가 오히려 위기임을 다양한 일화를 통해 보여준다. 번영 다음에 곧장 위기에 빠지는 이유는 무엇일까. 성공하면 사람의 마음이 풀어지고 행동이 방자해지기 때문이다.

회사도 마찬가지다. 크게 성공하면 과욕으로 무리하게 사업을 확장하려는 경향이 있다. 현명한 사장은 평소 때를 위기처럼 생각하고 대처 방안을 미리 마련한다.

일본에서 경영의 신이라 불리는 마쓰시타 고노스케는 다음과 같이 말했다.

"회사가 항상 순풍에 돛을 단 듯 순조롭게 발전하면 사원들은 자신도 모르게 온실 속 화초가 되어 버린다. 발전 과정에서 어려움이 발생해 기죽지 않고 기꺼이 돌파해 가는 경험이 있어야 국가든 사회든 지속적인 발전을 이룰 수 있다. 따라서 항상 순조롭게 발전하고 있는 회사는 오히려 불행한 회사이다. 성공과 승리에 도취해서는 결코 안 된다. 한 번 승리했다고 해도 승자의 자리를 계속 유지한다는 것은 매우 어려운 일이다. 어떤 기업이든 한 번의 성공에 자만하거나 과거의 성공 경험에 연연해서는 안 된다. 영원한 승자는 없다."

요식업계의 큰손, 연 매출 150억 원을 자랑하는 L 대표는 다음과 같이 말했다.

"식당업에서 대박보다 훨씬 중요한 것은 망하지 않는 것이다."

"1년 뒤에는 경쟁자, 3년 뒤에는 손님의 싫증을 경계하라."

그는 신장개업한 식당이 망하지 않는 5가지 방법에 대해 다음과 같이 말했다.

첫째, 우리 집에서만 맛볼 수 있는 '필살기'를 개발하라.

둘째, 박리다매 전략을 두려워 마라.

셋째, 근검절약을 생활화하라.

넷째, 잘되는 식당을 끊임없이 벤치마킹하라.

다섯째, 하루 매출에 일희일비하지 말고 장기적인 안목으로 미래를 대비하라.

사업이 잘될 때는 기본을 지켜야 한다. 고유의 장점과 독특성을 유지해야 한다. 결과에 대한 조급증을 버리고 힘들지만, 원칙을 지키며 정도正道를 걷는 것이 개인과 조직의 장수 비결이다.

스티븐 코비의 회사가 파산했다. 그는 성공학의 대가이다. 그는 파산의 원인을 묻는 기자에게 다음과 같이 대답했다.

"내가 파산한 이유는 내가 쓴 대로 살지 않았기 때문이다."

그는 자신이 세운 원칙을 지키지 않았다. 사업이 잘된다고 무리하게 확장하다가 망한 회사가 부지기수로 많다.

경영학자 피터 드러커는 회사의 빠른 성장에 대해 다음과 같이 경고했다.

"어떤 조직이 비교적 짧은 기간에 두세 배로 성장한다는 것은 오히려 위기 상황이다."

회사의 혁신은 경영자가 감당할 수 있는 범위 내에서 이루어져야 한다. 혁신의 폭이 너무 크면 기본이 무너질 수도 있다. 역량에 맞게 천천히, 끊임없이 혁신해야 한다.

최근 마이크로소프트 신임 CEO가 된 사티아 나델라의 말이다.

"사업에서 장수하려면 스스로를 끊임없이 혁신해야 한다. 우리는 39년간 성공을 누렸고 이제는 재탄생해야 할 때다. 과거의 성공이 미래를 가져다주지 않는다. 우리의 미래를 이끌 수 있는 새로운 것들을 창조해 나갈 것이다. 나는 모든 흥망성쇠에 관심이 많다. 앞으로 마이크로소프트가 100년 이상 장수하는 기업이 되기 위해 열심히 일할 사람들을 찾아 나설 것이다."

경영학자들은 '회사나 개인의 끊임없는 자기 혁신'을 강조한다. 사장은 하루가 얼마나 빠른 속도로 변하는지 자각해야 한다. 기업이 오래 살아남기 위해서는 끊임없는 자기 혁신과 노력이 필요하다.

흘러가는 물은 늘 신선하지만, 고인 물은 썩어서 냄새가 난다. 회사도 마찬가지다. 끊임없는 개혁이 없으면 도태되고 말 것이다.

사업의 위기: 출구도 비상구도 보이지 않는 순간

세상에 위기를 반기는 사장은 없다. 위기는 불청객처럼 예고 없이 찾아온다. 화재, 매출 감소, 파업, 경기 퇴조 등 사업의 위기는 언제든지 일어날 수 있다. 문제는 위기를 어떻게 맞서고 극복하여 도약의 기회로 삼느냐이다.

큰 위기를 한두 번 이상 겪지 않고 성공한 기업은 없다. 성공한 기업들은 대부분 위기를 기회로 활용해 지금의 자리에 이르렀다.

위기를 대처하려면 평소 경영자를 비롯하여 조직 구성원 전체가 현실을 직시해야 한다. 사장이 직원들을 무조건 몰아붙이거나 불안을 조성하면 조직원들은 사장에게 공격의 화살을 돌릴 수밖에 없다. 그렇다면 위기는 어떻게 대처해야 할까. 다음은 위기에 효과적으로 대처하는 방법이다.

• 위기를 당연하게 생각하라: 위기가 닥치면 '올 것이 왔구나'라고 마음을 안정시켜야 한다. 위기는 지금 닥쳤지만, 지난주 혹은 1년 전에 미리 예견된 것일지도 모른다.

인간은 불완전한 존재이기 때문에 아무리 완벽하게 계획해도 위기의 그늘에서 벗어날 수 없다. 위기는 많은 시간을 잡아먹으며 잘 해결하지 못하면 희망을 잃을 수도 있기 때문에 침착한 마음으로 다스려야 한다.

• 회피나 타협은 금물: 만약 즉석에서 의사 결정을 해야 할 상황이라면 과감히 직면해 결단하라. 회피하거나 타협하지 마라. 어중간한 의사 결정은 더 큰 문제를 불러일으킨다.

• 일보 후퇴: 문제에 갇혀 있으면 전체의 윤곽을 파악하기 어렵다. 문제에서 한 발자국 떨어져 침착하고 객관적인 시각으로 상황을 검토하면 위기를 초래한 원인이 보일 것이다.

원인이 분석되면 위기가 재발하지 않도록 철저하게 대안을 마련해야 한다. 장기적인 계획과 단기적인 계획을 다시 점검해야 한다.

사업을 시작했을 때와 현재 상황을 비교해서 내부 혹은 외부의 상황이 달라지지 않았는지 면밀히 검토하고 필요하다면 목표를 수

정해야 한다.

• 담대한 마음: 위기 상황일수록 용기와 자신감을 가져야 한다. 큰 위기일수록 담대한 마음을 가져야 한다. 긴급 상황이나 위기에 단호한 결의를 가지면 문제에서 의외로 쉽게 빠져나올 수도 있다.

• 직원들의 사기 저하를 막아라: 위기 상황에서 가장 큰 손실은 직원들의 사기 저하이다.

실천 가능한 목표를 직원들에게 제시하라. 가능성 있는 목표에 도전하여 성공을 거두면 직원들은 자신감을 얻어 사기가 올라가며 상황의 여파에서 조금은 벗어날 수 있다.

• 정보는 투명하게 공유: 어려울수록 정보는 투명하게 공개해야 한다. 대부분의 사장은 사내 분위기에 악영향을 끼칠까 봐 회사의 곤경을 직원들에게 알리기를 주저하는데 효과는 일시적일 뿐 시간이 지나면 근거 없는 소문이 무성해져 혼란만 더 가중시킬 수도 있다.

• 책임은 모두가 함께: 사장 혼자서 모든 일에 책임을 지려는 태도를 버려야 한다. 임직원과 함께 문제 해결에 나서라. 대화를 통해 그들의 의견을 적극적으로 수렴해 위기 탈출 방안을 마련하라.

• 한 번에 한 가지씩 해결하라: 한 번에 한 가지씩만 해결해 나가자. 위기 상황의 경우 문제가 실타래처럼 꼬여 복잡한 경우가 많다.

여러 가지 문제를 한꺼번에 해결하려고 하면 오히려 상태가 악화될 수도 있다. 문제를 작게 나눠서 한 번에 한 가지씩 처리해 나가다 보면 해결해야 하는 문제가 다 풀리고 없을 것이다.

• 우생마사牛生馬死의 교훈: 소와 말이 물에 빠지면 소는 살고 말은 익사한다. 말이 소보다 훨씬 수영을 잘하는데도 말이다. 이유는 다음과 같다.

말은 헤엄을 잘 치기 때문에 강한 물살을 이기기 위해 물을 거슬러 헤엄치며 올라간다. 그러다 나중에는 지쳐서 물을 마시고 익사한다.

반면에 소는 물살을 거스르지 않는다. 오히려 물살을 등에 지고 같이 떠내려간다. 그러다 강가로 밀려와 목숨을 건진다.

사업도 마찬가지다. 일이 잘 풀릴 때도 있지만, 아무리 애써도 꼬이기만 할 때가 있다. 어렵고 힘든 상황에서는 흐름을 거스르기보다 소의 지혜를 활용하는 것도 도움이 된다.

좋은 때가 오기를 기다리며 현재 할 수 있는 일을 해내라. 소처럼 우직하게 묵묵히 하다 보면 반드시 좋은 결과가 있을 것이다.

사업의 실패: 전략적으로 실패하는 법

인생의 앞길에는 장애물과 실패가 가로놓여 있다. 실패에 대한 전략은 상황마다 다르다. 정면 돌파가 유리할 때도 있고 후퇴가 유리할 때도 있다. 이때 실패의 개념을 정립하면 문제 해결의 실마리가 보인다.

한번 실패했다고 인생 자체가 실패한 것은 아니다. 단지 특정한 시기에 노력한 만큼 성공하지 못했을 뿐이다. 실패를 성공으로 가는 징검다리라고 생각하면 마음이 한결 가벼워진다. 다음은 실패에 대처하는 전략이다.

• 실패를 두려워 마라: 실패를 용감히 직면하라. 실패했다고 술이나 마약, 퇴폐적인 오락에 빠지는 사람이 있다.

실패를 회피하면 상황을 변화시킬 수 없다. 용기 있게 실패 상황을 직면해야 한다.

• 포기하면 해결의 길은 보이지 않는다: 사람은 믿는 대로 되는 경향이 있다. 자신을 믿어라.

• 거리 두기: 한 발 뒤로 물러서 곰곰이 생각하라. 실패에 대한 충격 때문에 새로운 방법을 찾지 못하는 경우가 많다. 때로는 문제 상황에서 시간적, 공간적으로 거리를 두는 것이 바람직하다.

여행, 음악 감상, 산책, 낮잠, 전문가와의 상담, 친구와의 대화 등으로 상황에서 잠시 떨어져 보라. 안정을 되찾은 후에 문제에 다시 도전해도 늦지 않다.

• 긍정의 힘: 사물의 좋은 면만 보도록 노력하라. 모든 상황에는 좋은 면과 나쁜 면이 있다. 좋은 면을 바라보면 낙담과 패배감이 사라진다.

• 왜 실패했는지 살펴라: 실패를 연구하는 것은 어렵다. 모든 일

에는 원인과 결과가 있는데 실패는 대부분 잘못된 판단과 계획의 빈약, 정보의 불충분, 노력과 인내의 부족으로 발생한다.

특히 사업의 실패 원인에는 계획에 치명적인 결함이 있거나 시간, 자금, 인원, 장비, 장애물에 대한 대처 부족 및 부적절한 정보, 관계의 갈등인 경우가 많다.

• 자기비판: 건설적인 자기비판에는 용기가 필요하다. 자신의 결점을 찾아 과감히 교정하는 것은 해당 분야의 전문가가 되는 비결이다.

보통은 실패의 원인을 타인이나 환경 탓으로 돌리는데 자기 발전에 전혀 도움이 되지 않는다. 자기 자신을 객관적으로 살펴보라. 반성은 언제나 유익하다.

• 불운은 없다: 불운을 한탄하지 마라. 실패한 원인으로 '재수가 좋지 않았다' 혹은 '운이 나빴다', '되는 일이 없다'라고 생각하는 것은 문제 해결을 막는다.

불운을 원망하는 대신 자신을 탓해야 한다. 자신을 탓하면 도약의 발판이 되지만, 운을 탓하면 성장할 기회조차 잃게 된다.

• 변화를 시도하라: 새로운 방식으로 일해 보라. 꾸준히 한 우물을 파는 것도 중요하지만, 취약점을 보완하고 다양하게 시도하는 것도 중요하다. 목표를 견지하는 것도 좋지만, 미련을 버리지 못하는 어리석음은 피해야 한다.

• 급할수록 돌아가라: 여유와 융통성을 발휘하라. 실패했을 때는 무엇보다 여유가 필요하다.

흐르는 물처럼 어떤 상황에서도 유연하게 대처할 수 있는 마음가짐이 필요하다. 개인과 조직의 갈등을 해결하는 비결은 마음의 여유를 갖는 것이다.

• 재발을 경계하라: 사람은 누구나 실패한다. 중요한 것은 실패를 통해 교훈을 얻는 것이다.

같은 실수를 반복하지 않도록 조심하라. 개선의 여지를 살피고 일에 대한 자신의 태도를 끊임없이 살펴야 한다.

삼국지에 나오는 조조는 평생을 지는 싸움만 한 것처럼 보인다. 적벽대전에서의 참패는 누가 봐도 가엾을 정도로 처절하다. 조조는 진 싸움에 대해서는 반성이 철저했다.

그는 많은 실패를 경험했지만, 같은 실수는 두 번 이상 되풀이하지 않았다. 그는 자신을 객관적으로 보고 실패에서 배우려 했기 때문에 지면서도 결코 망하지는 않았다.

많은 사람들이 '조조'하면 부정적인 이미지를 먼저 떠올리는데 그는 혼자서 거의 주유, 손권, 제갈량, 유비, 관우, 장비를 상대했다.

위인이 되기 위해서는 철저한 자기 성찰이 필요하다. 자신이 실패한 사실과 원인을 기록하면 실패를 발전의 기회로 삼는 데 큰 도움이 된다.

사업의 실패는 기회이며 도약의 발판이다. 중요한 것은 본인의 재기 의지이며 노력이다.

자기의 일을 다스려라. 일이 자신을 다스리지 않도록 하라.

Control your work; don't let it control you.

사장의 시간을
벌어 주는 기술

01

믿고 맡기는
위임의 기술

사장에게 위임이 필요한 이유

위임은 다른 사람에게 자기 일의 일부를 맡기면서 책임과 권한을
함께 주는 것을 의미한다. 사장에게는 왜 위임의 기술이 필요할까.
우선 시간 관리 측면에서 위임은 시간을 벌어 준다. 사장이 처리해
야 하는 일은 무궁무진하다. 많은 일을 혼자서 처리하는 데는 한계
가 있다. 위임의 기술을 발휘하지 못하면 혼자서 북 치고 장구 치는
격이 되어 쉽게 피곤해질 뿐만 아니라 업무 능률도 오르지 않는다.

사장은 업무 효율을 높이기 위해 반드시 인적자원을 활용해야

한다. 사장은 위임을 통해 중요한 업무에 더욱 집중할 수 있으며 시간적 여유도 얻을 수 있다.

미국의 대규모 소매업 회사의 창업자 제임스 캐시 페니는 권한 위임에 대해 다음과 같이 말했다.

"CEO의 가장 큰 실수는 권한을 위임하지 않는 것이다."

효과가 분명한 방법임에도 불구하고 많은 CEO들이 위임의 필요성을 알지 못하거나 실행을 두려워한다. 위임은 CEO가 갖는 기존의 영향력을 빼앗는 것이 아니다. 오히려 그들이 더 나은 리더가 될 수 있게 돕는 탁월한 전략이다.

위임은 CEO의 시간과 정력을 절약해 주며 직원에게 사명감과 책임감으로 일할 기회를 제공한다. 직원들은 업무를 통해 성장과 발전, 기쁨과 보람을 느끼고 싶어 한다. 일을 통해 자신의 가치를 높이려는 욕구가 있기 때문이다. 위임은 직원들의 업무 관련 지식과 처리 방식을 향상시키는 데 효과적이다.

위임은 회사 전체에 유익을 가져다준다. 공유된 목표를 통해 회사가 발전하며 생동감이 가득한 현장으로 변할 것이다.

위임의 고전적인 예

구약성서에 나오는 모세는 위대한 지도자이다. 위대한 지도자였던 그에게도 결점이 있었다. 그는 다른 사람에게 위임하는 데 서

틀렸다.

모세는 탁월한 지식과 뛰어난 리더십으로 나무랄 데 없는 지도 자였다. 그는 광야에서 백성들을 인도할 때 백성들 사이에 일어나는 모든 문제를 개인적으로 해결하려고 애썼다. 결국, 크고 작은 일 때문에 그는 몹시 바빠졌고 성경에 기록된 대로 '아침부터 저녁까지' 쉴 틈이 없었다.

그는 혼자서 지방법원, 고등법원, 대법원의 일을 처리하면서 누구에게도 자기 일을 위임하지 않았다. 그의 서툰 시간 관리를 지켜보던 이드로가 그를 말리기 위해 나섰다. 아드로는 모세의 장인이자 현명한 제사장이었다. 그는 모세에게 다음과 같이 말했다.

"자네가 하는 일이 그리 좋지는 않네. 이렇게 하다가는, 자네뿐만 아니라 자네와 함께 있는 이 백성도 아주 지치고 말 걸세. 이 일이 자네에게는 너무 힘겨운 일이어서, 자네 혼자서는 할 수 없네. 이제 내가 충고하는 말을 듣게." 출애굽기 18:17–19

기록에는 없지만, 장인의 충고에 모세는 아마 변명 조로 다음과 같이 대답했을 것이다.

"장인어른, 당신 말씀이 절대적으로 옳습니다. 제게는 밤새 처리해도 다 못할 정도로 일이 많습니다. 사실 저도 위임하고 싶습니다.

솔직히 장인께만 말씀드리면 누구에게 어떤 일을 맡겨야 할지 고민입니다. 제 눈에는 모두 무능해 보이기 때문입니다."

특히 자신의 능력이 출중하다고 생각하는 사장이라면 모세의 마음에 공감할 것이다. 이드로는 모세에게 다음의 두 가지 방법을 제시했다.

첫째, 모세는 백성들에게 율법을 가르친다.

둘째, 유능한 지도자를 선택해서 적은 일과 평상적인 일을 맡을 전권을 준다.

모세는 고집을 버리고 장인의 의견을 따랐다. 결국, 모세는 장인의 도움으로 과중한 업무에서 벗어나 중요한 결정과 장기적인 계획에 집중할 수 있게 되었다. 백성은 체계적인 훈련을 통해 탄탄한 조직력을 갖춘 공동체로 거듭났고 꿈에 그리던 가나안 땅에 진군하게 되었다.

우리는 이 사례에서 리더십의 핵심 3가지를 발견할 수 있다. 첫째, 지도자는 추종자를 믿어야 하며, 둘째, 적절히 위임하고, 셋째, 사람들을 잘 조직해야 한다.

위임을 어렵게 만드는 생각들

• 나의 일은 나 외에는 다른 사람이 처리할 수 없다는 고정관념
• 남들보다 일을 많이 하는 것처럼 보이려는 과시욕

- 위임으로 '권한이 축소되지 않을까'하는 두려움
- 위임받은 사람이 일을 잘못 처리할 것 같은 불안과 불신
- 직원들에게 지시 사항을 전달할 수 있는 시간적 여유 부족
- 위임받은 사람이 일 처리가 늦어 답답하다고 느낌
- 위임받은 사람이 일 처리가 미흡해 일일이 지도해야 하는 어려움

위의 7가지가 위임을 어렵게 만드는 대표적인 생각들이다. 당장은 직접 처리하는 것이 효율적이라고 생각하지만, 장기적인 유익을 바라보면 과감하게 위임을 단행해야 한다. 사장의 조바심이 직원과 회사의 발전을 가로막을 수도 있음을 명심하고 인내력을 길러야 한다.

위임은 직원들을 교육하는 데 더없이 좋은 방식이며 투자이다. 직원의 성장이 없으면 회사의 발전도 기대하기 어렵다. 직원에게 일을 맡겼으면 일의 원칙만 설명하고 구체적인 실행 방법에 대해서는 간섭하지 말아야 한다. 그래야 상호 신뢰감을 쌓을 수 있고 직원들의 근무 의욕과 성장을 이끌어 낼 수 있다.

위임을 쉽게 만드는 기술

- 위임할 과제를 분명히 정한다. 보통은 어떤 일을 준비하는 데 필요한 정보 조사, 비교적 사소한 일, 일상 업무 및 반복되는

행동, 기술적인 일, 사장이 출석하지 않아도 될 회의, 기간 내에 마치기 힘든 경우 등 양은 많으나 반복적이며 의사 개입이 적은 일이다.

- 해당 일을 맡기기에 적합한 사람을 선택한다. 직속 부하 직원을 택할 것인가 혹은 주변의 추천으로 선택할 것인가. 경험의 여부가 일 처리에 중요하게 작용하는지 등 다양한 요인을 고려해 심사숙고하여 결정한다.
- 유쾌한 일과 하기 힘든 일을 골고루 위임한다.
- 갑자기 일을 지시하는 것보다 시간적 여유를 두고 미리 위임하는 것이 일 처리에 효과적이다.
- 좋은 결과를 내도록 격려한다. 일의 목적을 분명하게 알려준다. 일하기 위한 비용, 시설, 인원, 시간 등도 분명히 밝혀 둔다.
- 필요할 때는 기꺼이 도와주며 훈련의 기회도 같이 제공한다.
- 주기적으로 일의 진행도를 보고받아야 하지만, 진행 중에 지나친 간섭은 삼가야 한다.
- 일의 결과에 대해 안심시킨다.

비서에게 위임하는 요령

유능한 비서는 사장에게 보물 같은 존재이다. 시간 활용뿐 아니라 업무 전반에서 사장의 가장 좋은 협력자가 바로 비서다. 사장은 비서를 통해 시간을 가장 많이 벌 수 있다. 비서와 효과적인 일의 배분으로 시간 관리에 효율을 높일 수 있다. 다음은 사장이 비서에게 일을 효과적으로 위임하는 요령이다.

- 중요도에 따라 업무를 나눠라. 비서에게 업무를 지시할 때는 업무의 중요도에 따라 A급, B급, C급으로 구분해 주고 중요도에 따라 처리하도록 한다.
- 필요한 정보를 제공하는 데 적극적으로 임한다.
- 불시에 걸려 오는 전화와 방문객을 선별하여 응대하게 한다.
- 사장의 일을 비서가 확인하게 한다. 사장도 사람이기 때문에 중요한 사항을 잊어버릴 수가 있다.
- 조급함을 버리고 일 처리에 시간적 여유를 충분히 주어라.
- 외부의 방해를 차단해 주어라.
- 특정한 일에는 구체적인 책임을 주어 일임하고 간섭하지 않는다.
- 중요한 회의에 비서를 참석시킨다. 특히 비서가 준비한 회의라면 반드시 참석시킨다.
- 사장의 일정을 관리하게 하라. 외출 시각과 돌아올 시각을 공유하라.
- 사적인 부탁이나 청은 하지 않는다.

02

지혜로운
거절의 기술

거절은 아주 가치 있는 행동이다

미국의 작가 윌리엄 포크너는 케네디 대통령의 조찬 초대를 거절했다. 거절 이유를 묻는 기자에게 그는 다음과 같이 대답했다.

"조반 한 끼를 먹으러 멀리 워싱턴까지 갈 마음이 없어서 거절했습니다."

대통령의 초대라면 대부분의 사람들은 만사를 제치고라도 달려갔을 것이다. 그의 행동이 다소 이상하게 보이지만, 거절에 대한 세 가지 지침을 발견할 수 있다.

"나에게는 거절할 권리가 있다."

"나는 내 시간을 보호해야 한다."

"일의 중요도는 상대가 아니라 나의 가치관에 따라 결정된다."

거절의 사전적 의미는 '남의 제의나 요구, 금품 등을 받아들이지 않고 물리치는 것'이다. 한국 사람들은 거절에 서투르며 어려워 하는데 원인을 분석하면 다음과 같다.

첫째, 유교에 뿌리를 둔 문화를 기반으로 성장해 온 우리는 상하 구조의 예절을 중요하게 여긴다. 특히 윗사람의 청을 거절하는 것은 무례하고 이기적인 행위라고 교육받았다. 가정이나 학교에서도 어른들의 뜻을 거역하는 것은 옳지 못한 행위이며 무조건적인 순종이 옳다고 가르쳤다. 우리는 집이나 학교, 어디에서도 거절하는 방법을 배우지 못했다.

둘째, 한국인의 장점이자 단점인 '정' 때문이다. 한국 사람들은 인정이 많고 정에 약하다. 남이 부탁하면 좀체 거절하지 못한다. 부탁을 받으면 일의 옳고 그름을 기준으로 행동해야 하는데 사람을 기준으로 행동한다.

원로 정신의학자인 이근후 박사는 며느리를 들이면서 거절하는 방법부터 가르쳤다. 상하 관계가 아닌, 인간 대 인간으로 소통하기 위해서였다. 며느리가 시어머니의 부탁을 거절하는 것이 박사의 집에서는 당연한 풍경이다. 그는 부모와 자식 사이에도 흔쾌히 거절을 받아들이는 것이야말로 가족 모두가 행복해지는 비결이라고 했다. 존중과 신뢰를 바탕으로 자신의 의사를 분명하게 표현하는 것은 인간관계에서 꼭 필요한 훈련이다.

거절은 누구나 쉽지 않다. 친한 친구가 차를 빌려 달라고 할 때, 자기 사업에 투자하라고 할 때, 친지가 돈을 빌려 달라거나 형제가 보증을 서달라고 할 때 당신은 어떤 태도를 취할 것인가.

우리 주위에는 거절하지 못해 고통을 당하는 경우가 비일비재하다. 선뜻 부탁을 들어주었다가 패가망신하는 경우도 있다. 보증을 서주거나 무리하게 돈을 빌려 주어 돈도 잃고, 사람도 잃는 심지어 정신적 스트레스로 건강까지 잃는 경우도 심심치 않게 있다. 거절의 참된 의미를 깨닫고 일상에서 잘 적용해 나간다면 시간 관리뿐만 아니라 삶에도 유용하게 작용할 것이다.

거절에 대한 인식 변화가 필요하다

거절은 시간을 벌어 주는 데 효과적인 기술이다. 목표를 달성하는 데 도움이 되지 않는 요청을 분명하게 거절하지 못하면 당신의 우선순위는 엉망이 될 것이다.

거절하지 못하는 사람일수록 시간의 압박을 받기가 쉽다. 그들은 보통 '울며 겨자 먹기 식'으로 외부의 요청을 받아들인다. 부탁하는 사람의 감정이 상하는 것을 두려워하기 때문이다. 그들은 자신의 목표와 우선순위를 지키지 못하고 다른 사람이 결정한 우선 순위에 끌려다니는 데 익숙하다.

중요한 것은 거절하되 지혜롭게, 기분 좋게 하는 것이다. 거절의 기술을 익힌다면 시간과 한정된 자원의 낭비를 막을 수 있다.

부탁을 지혜롭게 거절하는 방법

거절을 두려워하지 말아야 한다. 자신의 시간을 보호하고 행복해지기 위해서는 거절이 절대적으로 필요하다. 거절을 다른 관점에서 생각해 보기 바란다. 거절이 상대방을 섭섭하게만 하는 것은 아니다. 상대방의 요구를 무조건 들어주는 것이 좋은 관계를 유지하는 방법은 아니다. 거절은 부탁을 들어주지 못하는 것일 뿐 상대를 거절하거나 배신하는 행동이 아니다. 거절하는 순간의 불편함을 피하기 위해 거절하지 못하면 두고두고 후회할 수 있음을 기억하라. 착한 사람 콤플렉스에서 벗어나라. 다음은 부탁을 받았을 때 지혜롭게 거절하는 요령이다.

- 자신의 한계를 먼저 파악한다. 자신의 능력과 시간을 먼저 살펴보고 무리가 되면 거절한다.
- 상대방의 성격을 파악하고 태도를 결정한다.
- 거절의 기준을 정한다. 일의 중요도에 따라 상, 중, 하로 나누어서 결정한다.

- 가까운 사람일수록 쉽게 대답하지 마라. 신중하게 생각한 후에 결정하라.

- 중요한 사안이라면 다소 불편하더라도 전화보다는 상대와 얼굴을 마주하고 최대한 예의를 갖춰 거절하라.

- 다음과 같이 분명하고 짧은 말로 거절하라.

"자네가 차가 필요한 줄은 알지만, 내 차를 빌려 주기는 어렵네."

"잘 아시겠지만, 그 일에는 관심이 없습니다."

"몸이 좋지 않아 오늘 밤에는 약속을 잡기가 어렵습니다."

- 요청에는 가부로 답해야지 답하기가 어렵다고 무응답으로 일관해서는 안 된다.

- 상대방의 기분이 상하지 않게 행동해야 한다. 요구에 응하지 못할 때 지나치게 사과하는 것이 오히려 상대의 기분을 상하게 할 수도 있다.

거절의 방법에 따라 상대방에게 냉정하다는 인상을 줄 수도 있고 사리가 분명한 사람이라는 인상을 줄 수도 있다. 모든 것은 당신의 태도에 달려 있다. 사장의 자리에 있으면 오라는 데도 많고 가야 할 곳도 많다. 사장은 자신의 시간을 지켜야 한다. 거절의 기술이 없으면 자신의 시간을 보호할 수 없음을 명심해야 한다.

03

산더미처럼 쌓인 일을
줄이는 기술

시간 낭비 요소를 살펴보라

사장은 조직에 '무리, 낭비, 변덕'이 없는지 살피고 만약 있다면 적절한 조치를 취해야 한다. 사장이 나서서 먼저 모범을 보여야 한다. 부하 직원들이 시간을 낭비한다고 생각할 수 있지만, 실제로 시간을 낭비하는 사람은 사장 자신일 수도 있다.

'만기친람萬機親覽'이라는 말이 있다. 임금이 모든 정사를 친히 보살핀다는 뜻이다. 사장이 모든 사안을 직접 챙기면 사장은 물론 회사에도 득이 되지 않는다. 사장의 영향력은 일반 사원보다 훨씬 크고 넓다. 회사의 귀중한 경영 자원인 사장의 시간은 중요한 일에 쓰여야 한다.

사장이 조심해야 할 것 중 하나가 즉흥성이다. 무리한 계획이나 지시, 예정에 없던 회의, 기분에 따라 일을 처리하려는 경향은 특히 조심해야 한다. 실현 가능성이 없는 무리한 일정을 내세워 직원들에게 업무를 지시하면 야근 혹은 밤샘 작업으로 다음 날의 업무에도 지장이 있다. 서두르는 것이 능사는 아니다. 빨리 가려다가 오히려 제 속도를 잃고 주춤하거나 넘어질 수도 있다.

회의는 회사에서 시간을 가장 낭비하는 요소 중 하나이다. 회의를 효율적으로 이용하기 위해서는 사회자가 필요하다. 직원 중 리더십이 있는 사람을 사회자로 선정하여 진행을 맡기면 적정 속도로 밀도 있는 회의가 진행된다. 시간이 절약될 뿐만 아니라 효과적으로 회의를 운용할 수 있다.

사장은 직원들의 모범이 되어야 한다. 사장이 규칙적으로 생활하는 모습은 직원들의 본보기가 된다. 직원들에게 변덕스럽다는 인상을 주어서는 안 된다. 업무를 지시할 때도 회사 방침에 따르지 않고 기분에 따라 달리하면 질서가 틀어지고 진행에 차질이 생긴다. 조직을 운영하는데 가장 큰 영향을 미치는 것은 사장이다. 사장은 자신의 시간 관리, 작은 언동이 회사 전반에 큰 파장을 불러일으킬 수 있음을 항상 기억해야 한다.

일에도 가지치기가 필요하다

사장은 늘 '무엇을 할까'에 관심이 많지만, '무엇을 그만두어야 할까'에 대해서도 고민해야 한다. 삶은 선택과 결정의 연속이다. 회사 경영도 마찬가지다. '선택'이 곧 사장의 일이다. 회사 경영은 매사가 선택이며 사장은 기로에 서서 피할 길이 없다. 경영의 핵심은 선택이다. 선택은 '하나를 취하면 다른 것은 버려야 한다'라는 전제를 가지고 있다.

하나를 취하면 하나를 버리는 것이 당연한데도 많은 사장들이 미련을 버리지 못하고 계속 붙잡으려 한다. 애착 때문이다. 대부분의 손실은 그동안 투자한 것 혹은 본전을 생각하는 데서 발생한다. 기존의 것을 버리지 않고 계속할 수 있다면 좋겠지만, 회사의 자원에는 한계가 있다.

사장은 어디에 자원을 투자하는 것이 효율적인지 꼼꼼히 분석한 뒤 신중하게 결정해야 한다. 버리는 것을 아까워하면 제대로 할 수 있는 것이 없다. 집중하지 않으면 결코 발전할 수 없다. 세계적인 경영학자 짐 콜린스는 일을 다음과 같이 정의했다.

"당신은 '해야 할 일 리스트'를 갖고 있는가? '그만둘 일 리스트'가 있는가? 우리는 대부분 바쁘긴 하지만, 규율이 없는 삶을 살아간다. 우리는 계속 늘어나는 '해야 할 일 리스트'를 가지고서, 하고, 하고, 하고, 또 더 하면서 도약의 계기를 만들려고 노력한다. 그런

데 그것이 성공하는 경우는 드물다. 그러나 좋은 회사를 위대한 회사로 도약시킨 사람들은 '할 일' 리스트만큼이나 '그만둘 일' 리스트도 많이 활용했다. 그들은 탁월한 규율을 보이며 관계없는 온갖 종류의 무용한 쓰레기들을 정리했다."

성공하는 사장은 조직의 중요한 목표가 무엇인지 잘 알며 부수적인 것들은 과감하게 쳐낸다. 놓치기 아까운 것이지만, 더 좋은 결과를 내기 위해 기꺼이 포기한다. 일을 단순화하라. 필요 없는 것, 덜 중요한 것은 과감하게 쳐내라.

04
조절의
기술

조절을 배우면 인생이 즐거워진다

조절은 가장 뛰어난 삶의 기술 중 하나이다. 조절 능력만 있으면 웬만한 문제들은 거의 다 해결할 수 있다. 조절 능력은 마음먹은 대로 사물을 통제하는 능력이다. 자동차의 브레이크와도 같다. 사람들이 겪는 대부분의 불행은 조절 능력이 부족하기 때문이다. 아는 것은 많은데 조절 능력이 부족한 사람도 많다.

조절의 핵심은 마음을 다스리는 데 있다. 자신의 욕망을 다스리는 데 있다. 잠언에서는 조절 능력에 대해 다음과 같이 말하고 있다.

"자기의 마음을 제어하지 아니하는 자는 성읍이 무너지고 성벽이 없는 것과 같으니라."

잠언 25:28

인생의 최대 승리는 자신을 이기는 것이다. 자기를 이기는 힘은 평소 생활 습관으로 길러진다. 어떤 사장은 세상에서 제일 다루기 어려운 상대를 아내라고 지목했는데 어려운 것은 사람만이 아니다. 시간, 돈, 환경, 문제, 감정 등도 어렵기는 마찬가지다. 이어지는 조절의 원리를 익히면 조절하는 데 많은 도움이 될 것이다.

통제할 수 있는 것과 없는 것을 구분하라

자신이 바꿀 수 있는 것, 통제할 수 있는 것과 없는 것을 구분하면 일 처리가 쉽다.

다음은 통제 밖의 범위에 있는 일들이다.

'아침에 해가 떠오르는 것, 천재지변, 질병, 날씨, 정치의 변동, 죽음' 등이다. 자신의 통제 범위 밖에서 벌어지는 일들은 그대로 받아들이는 것이 현명하다.

다음은 통제하기 어려운 일이다.

'자기 능력에 넘치는 일, 여러 가지 일을 동시에 하는 것, 빚, 중독, 잘못된 습관, 성격 고치기, 게으름, 용서와 관용, 가치관, 종교' 등이다.

통제하기 쉬운 일에는 '옷이나 책 혹은 음식 고르기, 익숙한 일, 사소한 일' 등이 있다.

조절의 요령

- 감정에 따라 행동하지 말고 원칙에 따라 행동하라.
- 주관을 가지고 행동하라.
- 해로운 일, 무가치한 일, 낭비적인 일, 결과가 나쁜 일에 대해서는 단호하게 거절하라.
- 달성하기 어려운 일은 무리하게 추진하지 말고 할 수 있는 범위 내에서 세분화하여 단계적으로 실행하라.
- 인간관계 혹은 일에 있어서 항상 중용을 유지하라. 원수 앞에서도 극단적인 언행은 삼가라.
- 늘 평화와 안정, 기쁨이 가득하도록 마음을 훈련하라.

05

때를 맞추는
타이밍의 기술

때가 일의 가치를 결정한다

다음은 적기에 대한 명언이다.

영국의 정치가 벤저민 디즈레일리의 말이다.

"때를 얻는 사람이 만사를 얻는다."

미국의 경영학자 피터 드러커의 말이다.

"기업의 성과는 문제를 해결함으로써가 아니라 기회를 개발함으로써 얻어진다."

세상의 모든 일에는 적절한 때가 존재하지만, 상황 혹은 개인에

따라 각기 다르다. 적절한 때를 분별하는 능력에 따라서 지혜롭게
도 살고 어리석게도 산다.

사람들은 '때가 왔다' 혹은 '때를 놓쳤다'라는 표현을 쓴다. 여기
서 '때'는 일을 하는 데 가장 효과적인 시기를 가리킨다. 흔히 타이
밍이라고도 한다. 타이밍은 원하는 순간에 동작을 맞추는 일을 뜻
한다. 적절한 기회를 잡는 것을 의미한다.

타이밍의 본질은 기회다. 타이밍을 잡으면 인생이 바뀐다. 절호
의 타이밍이 있으면 인생도 바꿀 수 있다. 타이밍의 힘은 그만큼 강
력하다. 타이밍에 무관심하면 노력을 많이 해도 원하는 결과를 얻
지 못한다.

성공한 기업가들은 기회에 대해 예민하다. 현대그룹이 급성장한
것도 시대의 요구와 타이밍을 잘 잡은 덕분이다. 한국 전쟁은 정주
영에게 성장의 발판을 마련해 주었다. 전시 때는 미군이 발주하는
긴급 공사를 수주했다. 전쟁 이후에는 도로, 교량, 항만 등 전쟁으로
파괴된 사회 간접 시설 복구 사업을 떠맡아 비약적으로 성장했다.

1961년 군사 정부의 수립 이후 경제 개발 계획이 본격적으로 추
진되자 회사는 날로 번창했다. 1965년, 그는 해외시장으로 눈을 돌
려 한국 최초로 해외 건설에 진출해 '중동 붐'을 일으키며 '오일달
러'를 벌어들였다.

귀하고 값진 선물이라도 때를 넘기면 빛이 바랜다. 아무리 훌륭

한 청사진이라도 때를 넘기면 가치가 없다. 값진 정보도 때를 놓치면 무용지물이다. 시일이 지난 초대장, 유통기한이 지난 음식물과 약품은 모두 효력이 없다.

재능과 능력이 아무리 뛰어나도 능력을 발휘할 때를 만나지 못하면 위인이 되지 못한다. 좋지 않은 시기에 사업을 시작하면 실패할 확률이 높다. 모든 것에는 때가 맞아야 한다.

투자의 달인 워런 버핏은 타이밍 포착의 귀재다. 그는 적절한 시기에 투자하고 적당한 때에 되팔아 엄청난 부를 얻었다. 뛰어난 사업가들은 좋은 타이밍을 식별하는 안목이 있다. 그들은 기회를 잡는 즉시 결단을 내리며 적절한 때가 아니면 참고 기다린다.

타이밍을 잡는 기술

- 항상 목표를 가진다. 분명한 목표가 있으면 평소에 보이지 않던 것도 보이게 되고 듣지 못했던 것도 듣게 된다.
- 예감이 들면 붙잡을 준비를 해라. 기회라고 느껴지면 주저 없이 붙잡아라. 기회가 어떤 모습으로 찾아올지는 아무도 모른다. 모든 때가 좋은 때는 아니지만, 모험심이 있어야 기회가 왔을 때 잡을 수 있다.
- 지성이면 감천이다. 기회를 발견하려는 노력이 없으면 기회는 나타나지 않는다.

- 잠재의식을 활용한다. 잠재의식은 희망을 실현하는 데 놀라운 힘이 있다. 늘 좋은 기회가 올 것이라고 생각하라.
- 실패하더라도 실망해서는 안 된다.
- 기회가 오지 않는다고 포기해서는 안 된다. 시간적 여유를 가져야 한다.
- 지금 놓친 기회는 다시 오지 않으며 다른 기회가 찾아올 뿐이다.
- 성공은 새로운 출발임을 명심하라. 기회가 오면 충분히 살려라. 작은 일이라도 성의를 다해야 한다.
- 역경과 실패 속에서도 기회를 발견하라. 피터 드러커는 위기에 숨겨진 기회에 대해 다음과 같이 말했다.
  "기업 혹은 산업이 위협적이라고 생각되는 새로운 사태 속에서야말로 숨겨진 기회가 있다."
- 항상 마음에 여유가 있어야 한다. 마음이 분망하고 초조한 사람은 기회가 와도 놓치기 쉽다. 마음을 늘 열어 놓고 느긋이 준비하고 있어야 기회도 쉽게 잡을 수 있다. 기회가 언제 올지, 어떻게 올지는 아무도 모른다. 다른 사람의 말에 귀 기울이며 정보를 살피는 습관을 들여라.
- 과거보다는 현재와 미래에 초점을 두어야 한다. 과거에 대한 후회와 한숨, 자랑과 만족은 기회를 포착하는 데 장애물과 같다. 과거에서 벗어나 현재와 미래에 있는 기회를 찾아야 한다.

- 안 된다고 생각하기보다는 될 것이라고 생각해야 한다. '안 된다'라는 단 한마디의 말이 모든 가능성을 무효로 만든다. 낙관적인 사람이 기회를 볼 수 있으며 붙잡을 수 있다. 부정적인 사람은 기회를 죽인다. 부정적인 생각을 하고 있다면 생각을 바꾸어 매사에 행운을 기대해 보라.

- 메모를 잘 활용해야 한다. 메모는 기회 포착의 발판이다. 기회는 순간에 혜성처럼 지나가 버린다. 기록으로 남겨 두면 그나마 흔적이라도 남는다. 한번 떠오른 아이디어나 생각은 연기처럼 사라지기 때문에 반드시 메모해야 한다. 기발한 생각이 떠오르면 장소를 불문하고 즉시 메모하라.

06

시간 낭비를
줄이는 기술

시간이 낭비되는 이유

돈을 잘 버는 것은 모든 사람의 관심사이다. 돈을 잘 벌려면 어떻게 해야 할까?

다양한 방식이 있겠지만, 크게 두 가지로 나눌 수 있다. 전략적으로 수입을 올리거나 부가가치를 높이는 법과 관리를 철저히 해서 낭비를 최소화하는 것이다.

아무리 많이 벌어도 지출이 수입을 넘으면 적자에 시달리게 된다. 수입을 늘리는 것 못지않게 중요한 것이 절약이다.

공장에서 생산량을 늘리는 것이 중요할까, 불량을 최소화하는 것이 중요할까. 대부분의 회사에서는 후자에 더 비중을 둔다.

시간 관리도 마찬가지다. 시간은 한정된 자원이라 낭비하면 중요한 일을 하는 데 드는 시간이 상대적으로 줄어들 수밖에 없다.

특히 사장이라면 시간이 어디서 낭비되는지 살피며 중요한 일에 더 많은 시간을 쓸 수 있도록 대책을 강구해야 한다.

시간 낭비는 '목표에서 벗어나는 모든 행동'의 집합체이다. 명확한 목표는 시간 낭비를 규정하는 척도이다.

황금 시간에 불필요한 일을 하는 것도 낭비다.

오전에는 업무 집중도가 비교적 높아 창의적인 일을 하기 좋은데 이때 잡담이나 오락을 하는 것은 시간 낭비다.

모든 비생산적인 일, 중요하지 않은 일에 많은 시간을 할애하는 것도 시간 낭비다.

청소를 오래 하거나 신문을 처음부터 끝까지 샅샅이 보는 등 일상적인 일에 너무 많은 시간을 쓰면 생산적인 일을 하는 시간이 줄어들 수밖에 없다.

시간 낭비는 외부와 내부의 요인으로 나뉜다.

외부 요인으로는 소음, 교통 체증, 상사의 호출, 가족의 질병, 정전 등으로 자신의 의자와는 관계가 없다.

내부 요인은 과도한 욕망, 무질서한 생활 태도, 우유부단함, 실수, 목표의 부재, 잘못된 우선순위 및 계획, 주의력 부족, 미루는 습관, 중독 등 오랫동안 형성해 온 악습들에 있다. 내부 요인은 주로 습관과 관련되어 있기 때문에 고치기가 매우 어렵다.

시간 낭비를 점검하는 습관 들이기

시간 낭비를 줄이는 가장 기초적인 전략은 시간표를 짜는 것이다. 앞서 설명한 시간 낭비의 정의를 다시 읽어 보고 낭비 요소가 무엇인지 항상 점검해야 한다.

시간은 우리가 의식하지 못하는 사이에 새어 나간다. 낭비를 의식하지 못하는 사람은 제대로 시간을 관리할 수 없다.

경제학자의 눈으로 자신의 행동을 관찰해야 한다.

만약 공연을 보러 갔는데 흥미가 없을 경우 지루하지만, 끝까지 보는 사람이 있고 그냥 나오는 사람이 있다. 어떤 것이 현명한 선택일까.

판단 기준은 사람마다 다르지만, 경제학자들은 공연장을 나오는 것이 합리적이라고 이야기한다. 끝까지 보는 사람은 새로운 것을 볼 수 있는 시간과 기회를 잃는 것이라고 주장한다.

근무 시간 중 발생하는 시간 낭비를 점검하는 방법이 있다. 다음의 '시간 사용 조사표'를 기록하는 것이다.

시간 사용 조사표

시간	계획한 일	실제 행동한 일	낭비된 일
오전 8:30			
8:45			
9:00			
9:15			
9:30			
9:45			
10:00			
오후 4:45			
5:00			
5:15			
5:30			
5:45			
6:00			

시간 낭비를 최소화하는 전략

시간 낭비를 줄이는 것은 평생에 걸쳐 계속해야 하는 투쟁이며 훈련이다. 나쁜 습관을 고치는 것과 같다.

시간 낭비를 줄이기 위해서는 자신의 행동을 모아서 재분류하는 작업이 필요하다.

시간 낭비를 최소화하는 전략은 적극성을 기준으로 크게 다음과 같이 나눌 수 있다.

적극적인 전략: 좋은 작업 습관을 길러라

- 자기가 무엇을 해야 하는지 분명하게 인식한다.
- 현실적인 업무 시간표를 작성하고 실행한다.
- 업무를 우선순위대로 분류하여 중요하고 필요한 일에 집중한다.
- 정신을 집중해서 일한다.
- 능률을 높이는 방법과 수단을 활용하여 일한다.
- 가치 있는 정보는 수집하고 무가치한 정보는 정기적으로 폐기한다.
- 한 번에 한 가지 일만 처리한다.
- 해야 할 일이 생기면 미루지 않고 즉시 처리한다.
- 휴식과 재충전 시간을 충분히 마련한다.
- 체크 리스트를 유용하게 활용한다.

소극적인 전략: 없애고, 줄이고, 단순화하라!

- 없앨 것: 도박, 음주, 야간작업, 미루는 습관, 능력에 넘치는 외부 청탁, 불필요한 외출 등.
- 줄일 것: 텔레비전 시청 시간, 쇼핑 시간, 기한이 지난 서류,

잡동사니 등.

- 단순화할 것: 반복되는 일은 목록과 절차를 생략하여 과정을 단순화한다. 기계적인 일들은 신속하게 처리한다.

예를 들어 외출할 때 가지고 나가야 하는 물건들의 목록은 종이에 적어 현관문에 부착했다가 집을 나서기 전에 확인한다. 식단은 주기적으로 짜두고 청소와 운동은 시간을 정해서 규칙적으로 한다.

시간 낭비는 원칙적으로 줄여야 하지만, 과하게 줄이면 오히려 효과가 떨어진다. 사람의 삶은 유동적이고 반드시 계획한 대로 되지 않음을 명심해야 한다.

시간 낭비를 막는 것은 한정된 시간 자원을 효율적으로 쓰기 위함이지 기계적이고 각박한 삶을 조장하기 위함이 아님을 명심해야 한다.

사람이 변해야 상황도 개선된다

Conditions are changed only as people are changed

누구나 최악의 상황을 최상의 기회로 바꿀 수 있는 잠재력을 가지고 있다.
You have the potential to transform even the worst situation into a great opportunity.

Chapter
6

속 터지는 직원, 성과 없는 회사를 변화시키는
시간 개혁 프로젝트

약속 시간은
사장부터 잘 지켜라

약속 시간 30분 전에는 장소에 무조건 도착

LG그룹의 구본무 회장과 애경그룹의 장영신 회장은 약속 시간 30분 전에 도착하는 습관이 있다. 비즈니스의 기본은 시간 약속을 지키는 데서 출발한다는 신념 때문이다. 구본무 회장은 집안 곳곳에 시계를 걸어 두는 것으로 유명한데 처음 그의 집을 방문한 사람들은 많은 시계들을 보고 어리둥절해 한다.

장영신 회장 역시 시간 관리가 철저하다. 한번은 장 회장이 지인들과 저녁 7시에 식사를 하기로 했는데 7시에 식사가 끝났다고 한다. 이유인즉슨 그녀가 늘 약속 장소에 일찍 온다는 사실을 알고 지인들이 그보다 30분 먼저 도착한 것이다.

시간 엄수는 매우 좋은 습관이다. 시간을 잘 지키면 다른 사람으로부터 신뢰를 얻을 수 있고 자기 권위를 지킬 수 있다. 시간을 지키지 못하는 사람은 어떤 면으로도 신뢰받을 수 없다.

특히 사장은 약속 시간을 잘 지켜야 한다. 비즈니스 측면을 제외하고라도 사원들에게 시간 지키기의 본을 보여야 하기 때문이다. 만약 사장이 회의에 일부러 늦게 와서 자신이 바쁘고 중요한 사람임을 과시한다면 존경은커녕 직원들의 눈살만 찌푸리게 할 것이다.

시간 약속을 잘 지키는 비결은 시간적 여유를 두고 출발하는 것이다. 예상보다 30분 정도 일찍 출발하면 늦는 법이 거의 없다. 중요한 행사라면 훨씬 일찍 출발해야 한다.

다른 사람과의 약속 못지않게 중요한 것이 자신과의 약속이다. 한번 한 약속은 계획대로 추진해서 일을 끝마쳐야 한다. 많은 사람이 자신과의 약속에 약하다. 쉽게 마음이 동요하고 금세 포기해 버린다. 사소한 일로도 계획을 미룬다. 미루면 당장에는 시간을 버는 것 같지만, 결국은 시간을 더 들여 일하게 되거나 아예 포기하게 된다.

우리 사회는 약속으로 이루어져 있다고 해도 과언이 아닐 정도로 다양한 약속들이 있다. 개인의 사적인 약속을 비롯해 결혼, 법규, 법률, 관습 등 모든 것이 약속으로 이루어져 있다. 약속할 때는 지킬 것을 전제로 하지만, 의외로 지키지 않는 경우가 많다. 불가피한 상황으로 약속을 지키지 못하는 것은 어쩔 수 없지만, 약속을 가볍게 여기고 지키지 않는 경우가 대부분이다.

02

혁신, 혁신, 말만 하지 말고
사장부터 뭔가 보여라

분명한 목표와 계획에 따라 업무를 수행하라

업무를 수행하는 이유는 목표를 이루기 위해서이다. 일할 때는 목표를 정한 뒤에 계획을 세우고 시간표를 짜야 한다. 사장은 자신에게 잘 맞는 시간 관리 체계로 계획을 짜는 습관을 들여야 한다.

일은 운동과 같다. 날을 잡고 한꺼번에 많이 하는 것보다 규칙적으로 조금씩 매일 하는 것이 중요하다. 처음에는 어려워 보이는 일도 꾸준히 하다 보면 끝이 보인다. 가능한 정기적으로 정확하게 일을 해야 한다. 톱니가 완벽하게 맞물려야 일정하게 돌아가는 것처럼 매사에 치밀하게 행동해야 좋은 성과를 거둘 수 있다.

자신에게 맞는 시간표를 짜면 하루, 일주일, 한 달의 업무가 순조롭게 진행된다. 일상에 건강한 생활 리듬을 정착시키면 두뇌 활동에도 도움이 된다. 뇌가 이완된 상태일 때 집중력도 더 높아지고 창의성도 더 잘 발휘된다.

다음은 하루의 업무 시간표를 작성하는 요령이다.

① 하루 업무 시간표는 전날 오후에 요점을 기록하고 당일 아침에 출근하여 확정한다. 그날 완성할 중요한 목표 5가지를 기록하고 달성을 위한 계획을 세운다.

② 오전에 '프라임타임'을 설정하여 당일에 처리해야 하는 일 중 가장 중요한 일 한 가지를 해내라. 성취하면 목표 의식도 생기고 일에 가속도도 붙는다. 프라임타임은 하루 1시간 이상을 지켜라. 흐름이 끊기지 않고 방해받거나 흐트러짐이 없는 시간은 무엇과도 바꿀 수 없는 귀중한 자산이다. 적은 시간으로도 많은 것을 성취할 수 있기 때문에 반드시 사수해야 한다.

③ 어려운 일들은 오전에 수행하고 오후에는 반복 업무 및 몸을 움직이며 일하라. 오전에는 인터넷을 꺼라. 이메일 확인, 전화 업무 등은 점심시간 전후 등 집중력이 떨어지는 시간에 하는 것이 좋다. 면담, 회의 등 반복적인 업무들도 이 시간대에 끼워 넣는 것이 좋다.

④ 오전과 오후로 일이 진행되는 모습을 살피며 방향과 속도를

조절하라. 주기적인 검토는 대단히 효과적이다. 특히 어렵고 복잡한 일을 할 때는 현재 일의 진행 방향이 어떻게 되는지, 업무 강도는 어떤지 파악하는 것이 대단히 중요하다.

⑤ 작성한 시간표는 반드시 지켜야 하지만, 행동은 유연하게 할 수도 있다. 예를 들어 따분할 때는 어려운 일을 하고 중요한 일은 천천히 한다. 기분이 처져 있으면 15분 안에 끝낼 수 있는 일, 30분 안에 끝낼 수 있는 일 등을 배치해 목표를 명료하게 제시해 집중력을 높인다. 마감 시간이 정해져 있으면 정신 집중이 잘 된다.

⑥ 오늘 완성해야 할 일은 반드시 오늘 완성한다는 원칙을 세우고 실천한다. 때로는 약간의 초과근무도 감수해야 한다.

⑦ 일과를 마치면 완성한 일을 요약해서 기록하는 습관을 들인다. 자신의 표준 일과표를 작성해서 실시하는 것도 유용한 방법이다.

위의 전략을 바탕으로 세운 사장의 표준 일과표이다. 처음 일과표를 작성한다면 아래 내용을 참고하여 계획을 세워도 좋다.

• K 사장의 표준 일과표
08:30-09:00 비서와 협의해서 오늘 할 일 확인, 전화하기
09:00-10:30 프라임타임(가장 중요하고 시급한 과제 한 가지 처리)
10:30-10:45 휴식 시간

10:45-11:00 경영에 관한 서적 읽기

11:00-12:00 간부 회의, 면담, 이메일 확인

12:00-13:30 점심시간, 고객 상담

13:30-16:30 결재 및 다른 사람을 위한 개방된 시간 혹은 외부 활동, 현장 경영

16:30-17:00 업무 보고서 작성, 다음 날 할 일 계획

바쁘게 움직이지만, 일의 성과가 없는 사장도 많다. 중요하지 않은 서류를 읽거나 직원에게 위임하지 못해서 혹은 일을 미루다가 허둥지둥 처리하기 때문에 바쁜 경우가 많다. 무조건 바쁘다고 일이 잘 돌아가는 것은 아니다. 바쁠 이유가 없는데 바쁘거나 시간이 의미 없이 지나가는 것처럼 느껴진다면 일과를 잘 살펴보아야 한다. 사장은 항상 일과표에 빈칸을 남겨 두고 자기 일의 일부를 부하에게 위임하여 업무를 대폭 줄여야 한다. 시간과 정력이 제한되어 있기 때문에 '중점주의'로 사는 것이 바람직하다.

업무 효율을 늘리는 전략

• 자신의 에너지 리듬을 파악하고 흐름에 맞게 활동한다면 누구나 두세 배의 효율을 올릴 수 있다. 특히 사장은 에너지를 많이 써야 하므로 자신의 몸을 잘 다루는 기술이 필요하다.

- 일할 때도 타이밍이 있다. 일의 효율이 배가되는 타이밍을 찾기 위해서는 시간에 대한 통찰이 필요하다. 업무 시간 중 프라임타임을 설정해서 가장 중요한 과제를 집중적으로 처리해야 한다. 정력을 쏟을 수 있는 시간대가 언제이며, 언제 집중력이 떨어지는지 파악하여 업무를 배치해야 한다. 집중력이 떨어진 시간에는 일을 해도 능률을 기대하기가 어렵고 시간을 흘려보내는 것과 같다.

- 근무시간은 되도록 평안하고 조화롭게 계획한다. 한 시간 일찍 출근하는 것도 여유를 갖기 위한 좋은 방법이다. 아침 시간에 명상을 하는 것도 큰 도움이 된다. 가능하다면 퇴근도 한 시간 일찍 해 집에서 일하는 것도 좋다. 방해받지 않고 조용히 생각할 일이 있을 때는 한적한 곳에서 시간을 보내는 것이 좋다.

- 책상 정리는 주기적으로 시간을 내서 하는 것이 좋다. 주의 집중을 방해하는 서류 뭉치와 쌓인 책 들을 정리하면 일할 의욕이 생긴다.

- 지친 두뇌가 회복할 수 있도록 시간적 여유를 갖자. 가벼운 마음으로 즐기는 산책이 때로는 놀라운 효과를 발휘하기도 한다. 심호흡과 스트레칭도 마찬가지다.

- 과로와 만성피로를 예방하라. 피곤할 때 쉬는 것은 몸을 위한 휴식이 아니다. 진짜 휴식은 피곤하기 전에 쉬는 것이다. 특히

사장들은 일중독자인 경우가 많다. 일을 열심히 하지 않았다면 현재의 위치에 오르지 못했을 것이다. 사업을 장기적으로 봤을 때 일중독은 매우 위험하고 비효율적이다. 일만 하는 사람은 몸과 마음에 여유가 없고 주변뿐만 아니라 자신을 돌볼 여유조차 없다. 멀리 보고 주변을 살피며 몸과 마음의 건강을 챙기는 것도 사업을 발전시키는 방법 중 하나이다.

모든 전략을 한꺼번에 실행하기보다는 당장 실행 가능한 것부터 하나씩 실천에 옮기는 것이 좋다. 조급함을 버리고 마음에 여유를 가지고 가장 필요한 것부터 하다 보면 자연히 몸에 배어 균형 잡힌 습관으로 자리 잡을 것이다.

사장이라면 끊임없이 던져야 하는 질문

잘못된 습관인 줄 알면서도 지금껏 해온 관성 때문에 고치지 못하는 경우가 있다. 사장은 자신에게 다음의 질문을 끊임없이 던져야 한다.

"왜 이 일을 해야 하는가?"

"왜 이 일이 필요한가?"

일 처리 방식에 비효율적인 부분이 있다면 과감하게 개선하라. 복잡한 업무를 간소화해 보라. 다음은 업무 간소화에 도움이 되는 질문이다.

- 일이 회사의 주요 목표에 일치하는가?

- 시간과 재물, 정력을 투자할 만큼 가치 있는 일인가?

- 종래 하던 방식에서 벗어나 새로운 방법으로 할 수는 없는가?

- 일의 빈도수를 줄일 수 없는가?

- 일 처리가 너무 빠르거나 혹은 느리지 않은가?

- 반복되는 일은 시스템화되어 있는가?

- 지금보다 몰입해서 일을 처리하는 방법은 없는가?

- 알맞은 타이밍에 일을 하고 있는가?

- 탁월한 아이디어와 지식, 기술을 이용하여 일하는 시간을 대폭 줄이고 있는가?

- 일하는 데 필요한 자료는 언제라도 바로 꺼내 쓸 수 있는가?

- 지금까지 사용해 온 매뉴얼의 교체 시기는 언제인가?

휴식 설계의 원리

사장은 과로하기 쉬우므로 평소 휴식 시간을 설계하고 철저히 지켜야 한다. 다음은 사장에게 유용한 휴식 설계의 원리와 전략이 가미된 방법이다.

- 시간에 끌려가지 말고 다스려라. 어떤 일이든지 여유를 가지고 처리해야 한다.

- 휴식을 미리 계획하라. 일과표를 작성할 때 휴식을 위한 시간을 미리 배정하면 지켜야 할 의무 사항이 된다. 50분 일하면 10분은 쉬어라. 피곤할 때 쉰다는 생각을 버리고 피곤하기 전에 쉬어라. 무조건 일주에 하루는 온전히 쉬는 날로 정해야 한다.
- 절제의 미덕을 지켜라. 행복은 절제의 힘에 달려 있다. 적게 원하고 덜 쓰는 것이 더 많은 기쁨을 준다는 사실을 기억하라. 현명하게 포기하라. 많이 버릴수록 많이 얻는다는 역설을 믿어라.
- 중요한 사업을 시작하기 전에는 충분히 쉬어라. 중요한 일은 충분히 쉬어야 잘 해낼 수 있다. 밤에 중요한 일이 있다면 낮에 잘 쉬어라.
- 선택과 결단을 적시에 해라. 무엇을 할지 우물쭈물하지 마라. 여러 가지 선택 사항 중 한 가지를 빨리 택하라. 기회비용은 되도록이면 생각하지 마라. 과감하게 한 가지를 결정하면 풍성한 휴식을 취할 수 있고 마음의 평화를 얻을 수 있다.
- 의지만 있으면 어디에서도 휴식을 취할 수 있다. 돈과 시간적 여유가 있어야 휴식을 즐길 수 있다는 생각을 버려라. 짧은 휴식을 즐겨라. 잠시 즐기는 여유, 주변 사람들과 나누는 즐거운 대화, 삶에 대한 긍정적인 마음도 양질의 휴식이다.
- 밤에는 숙면을 취하라. 충분히 자라. 가능하다면 낮잠 시간도 확보하라.

- 소극적인 휴식과 적극적인 휴식을 병행하라. 소극적인 휴식은 몸을 움직이지 않고 가만히 있으면서 쉬는 것이다. 적극적인 휴식은 업무 외에 다른 일을 하는 것이다. 구체적인 활동으로는 취미 생활, 걷기 운동, 춤추기, 노래 부르기, 악기 연주 등이 있다.

- 가장 효과적인 기분 전환 방법을 찾아라. 예를 들어 여행은 누구에게나 좋은 재충전의 수단이다. 아인슈타인은 어렵고 복잡한 문제가 있으면 바이올린을 켰는데 연주 도중에 아이디어가 떠오르면 다시 연구에 몰입했다. 바이올린 연주는 그에게 몸과 마음의 쉼터이자 아이디어의 샘이었다.

- 종교 활동, 기도, 명상, 심호흡 등으로 마음의 안정을 추구하라.

03

직원들의
'칼퇴'를 막지 마라

미국의 경제 연구 기관 콘퍼런스보드는 우리나라의 시간당 노동생산성 수준이 현저히 낮다는 결과를 발표했다. 노동생산성은 근로자 1인 혹은 시간을 기준으로 일정량의 노동을 들여 얻을 수 있는 생산량을 의미한다. 노동생산성이 높으면 기업은 더 많은 제품을 생산할 수 있어 제품 가격을 올리지 않아도 이윤이 늘어난다.

기관의 조사 결과에 따르면 한국의 시간당 노동생산성은 32.3달러로 67.3달러인 미국의 반에도 미치지 못한다. 많이 일하고 적게 버는 환경에서 벗어나지 못하고 있다. 노동생산성은 구조적인 면

과도 밀접하지만, 시간 관리 능력과도 밀접한 관계가 있다. 우리나라의 노동생산성 증가율은 평균 1.26퍼센트로 세계 평균인 2.03퍼센트의 절반 수준이다. 노동시간이 지나치게 긴 것이 낮은 증가율의 대표적인 이유다. 한국은 OECD 평균보다 연간 424시간이나 더 일한다. 근무 시간이 과도하게 길어 최근에는 근로시간 단축에 대한 논의도 이루어지고 있다.

근로시간을 줄이는 것보다 더 중요한 것은 효율성과 효과성을 높이는 것이다. 주6일 근무제를 주5일 근무제로 바꾸면서 휴일과 임금 보전 문제에 급급해 근로시간 관리 및 생산성을 올리는 방안에 대해서는 소홀했던 것이 지금 문제로 나타나고 있다.

8시간 근로는 순수한 업무시간만을 의미한다. 출근을 위해 소요되는 시간은 포함되지 않는다. 만약 출근이 오전 8시 30분이라면 정시에 업무를 시작할 수 있도록 그전에 준비돼 있어야 한다. 근무 시간이 줄어도 시간을 잘 조직하고 효율적으로 쓴다면 시간당 생산성은 얼마든지 향상될 수 있다. 노동생산성의 향상은 추가적인 인건비 부담을 줄여 회사의 경쟁력을 높이는 데 뒷받침한다. 경제가 어려운 불황일수록 생산적인 시간 관리는 필수이다.

일의 개념을 바꿔라

일의 개념은 바뀌어야 한다. 일은 부담스러운 것이 아니라 말할 수 없이 즐거운 것이어야 한다. 무슨 일이든지 기쁜 마음으로 해야 효과가 크다. 발명왕 에디슨은 자기의 일을 매우 좋아해 다음과 같이 말할 정도였다.

"나는 일생동안 하루도 일한 적이 없다. 모든 것이 즐거운 오락이었을 뿐이다."

일에서 기쁨과 보람을 느꼈기 때문에 피곤한 줄 몰랐던 것이다. 러시아의 극작가 막심 고리키는 일에 대해 다음과 같이 말했다.

"일이 낙일 때 인생은 즐겁다. 일이 의무일 때 인생은 노예다."

사람은 누구나 일을 하면서 살아간다. 마지못해 하는 일은 자신의 삶을 짐으로 생각하는 것과 같다. 시간에 끌려다니는 삶의 노예가 되는 것이다. 즐거운 마음으로 일하면 목표 이상의 결과를 얻을 뿐만 아니라 건강에도 도움이 된다.

무슨 일이든 어차피 해야 할 일이라면 즐겁게 하는 것이 바람직하다. 일단 하는 일이 좋아지면 하루가 보람차고 즐겁게 느껴지며 삶이 즐거워진다. 시간 가는 줄 모르고 일할 때 일의 능률도 오르고 자신의 실력도 발전한다. 좋은 기회가 선물처럼 찾아온다.

다음은 일이 좋아지는 방법이다.

첫째, 현재 하는 일을 비전과 연결한다.

둘째, 꾸준히 노력해서 실력을 일정 수준까지 끌어올린다. 어느 정도 수준에 이르면 일이 주는 매력을 느낄 수 있으며 기쁨과 여유를 얻는다.

셋째, 일의 진정한 가치를 수시로 상기한다. 때로는 직장의 고마움을 생각하는 것도 좋은 방법이다.

무엇이 당신의 집중을 방해하는가

하루 근무시간이 8시간이라고 할 때 실제 일에 집중하는 시간은 2시간 남짓이라는 통계가 있다. 근무 중에는 다양한 이유로 일의 흐름이 끊긴다. 스마트폰 사용자들의 경우 특히 공감할 것이다. 스마트폰으로 주고받는 실시간 대화는 일의 집중을 방해하는 주범이다. 집중이 방해되면 일의 흐름이 조각나고 집중력은 분산된다.

한 과학자가 경영자와 프로그래머의 근무 환경을 지켜보았는데 결과는 다음과 같았다. 그들의 평균 집중 시간은 11분이었다. 전화벨 소리, 휴대전화의 진동, 이메일 알림음, 동료들의 간섭 혹은 잡담으로 업무 시간은 단절의 연속이었다. 사무직 근로자는 업무가 끊길 때마다 원래 과제로 돌아가기 위해 최소 두 가지 과제를 처리해야 했고, 복귀하는 데 평균 25분이 걸렸다. 원래의 흐름을 회복하고 완전히 집중하는 데는 8분이 더 걸렸다. 새로운 생각을 펼칠 수 있는 시간은 3분뿐이다. 다음번 단절이 이어서 찾아오기 때문이다.

놀라운 것은 사람들이 단절과 방해에 익숙하다는 사실이다. 방해 요인이 없으면 스스로 다른 일을 찾아 나설 정도였다. 차를 마시거나 책상을 정리하고 화분에 물을 주며 동료들과 잡담을 나누었다. 다른 동료의 일을 방해하고 업무의 흐름을 끊어 놓는 것이다.

현대사회는 지식과 정보가 생명이라 디지털 네트워크와 완전히 결별하는 것은 불가능하다. 그러므로 인터넷, 이메일, 휴대전화 사용에 주체성과 능동성을 발휘해야 한다. 필요할 때는 유용하게 사용하고 그렇지 않을 때는 과감하게 차단하라. 무분별한 사용으로 기기의 노예가 돼서는 안 된다. 자신을 통제하는 것과 통제 범위 내에 있는 주변 환경을 다스리는 것도 시간을 유용하게 쓰는 방법이며 삶을 윤택하게 하는 기술이다.

04

채찍은 소리 없이,
당근은 눈앞에서

사장, 사원, 기술, 고객, 마케팅 중에서 가장 중요한 요소는 무엇일까. 이 중 가장 중요한 존재는 사장이다.

스웨덴 최대 은행 스칸디나비아엔스킬다 은행의 마쿠스 발렌베리 회장은 기업의 흥망을 결정짓는 가장 중요한 요인을 '선장이 우선, 그다음이 배'라고 단언했다. 배가 아무리 좋아도 선장의 항해에 따라 종착지와 수명이 달라지듯 기업도 마찬가지다.

다음으로 중요한 것은 직원이다. 경영 교훈 중 '직원이 최초의 시장'이라는 말이 있다. 회사에서 직원은 기술과 고객보다 더 중요하다. 고객의 마음을 얻지 못하면 사업이 어려워지지만, 직원의 마음이 떠나면 회사의 존립 자체가 위태로워진다. 회사의 경쟁력은 직원에게서 나온다는 것을 명심해야 한다.

사우스웨스트 항공은 낮은 이직률과 높은 성장률, 무적자와 단 한 건의 파업도 없었던 기업으로 유명하다. 사우스웨스트 항공의 경쟁력은 허브 켈러허 회장의 기업 철학에 있었다. 그는 철저히 직원 중심의 경영을 펼쳤다. 다음은 그의 직원 중심 철학이 나타난 말이다.

"내가 항상 관심 갖는 것은 눈에 보이지 않는 무형의 자산이다. 무형의 자산은 다른 경쟁 업체들이 모방할 수 없는 경쟁력이다. 경쟁사들이 우리의 비행기를 모방할 수는 있다. 하지만 그들이 우리 사우스웨스트 항공의 직원들을 복제해 갈 수는 없다."

그는 기업의 경쟁력 확보를 위해 '직원이야말로 진정한 경쟁 우위의 원천'이라는 신념을 바탕으로 회사를 운영하고 있다. 끊임없는 혁신이 있어야 살아남을 수 있다. 회사가 성장하려면 사장뿐만 아니라 직원의 시간 관리와 조직 문화에도 혁신이 필요하다. 사장의 의도가 아무리 좋아도 직원이 따라 주지 않으면 소용이 없다. 시간 관리 능력을 향상시키는 것도 마찬가지다. 사장이 먼저 본을 보인 뒤 직원들의 능력을 훈련시켜야 한다. 개인의 시간 관리가 자리 잡히면 조직 내에 효율적인 시간 문화가 정착될 수 있도록 사장과 직원이 힘을 합쳐야 한다.

시간 관리의 필요성을 깨닫게 하라

모든 일의 시작은 관심을 갖는 데서 출발한다. 사장은 직원들의 시간 관리에 적극적인 지지와 동기부여를 해야 한다. 대부분의 사람들은 시간 관리의 필요성을 느끼지 못한다. 매일을 바쁘게 살면서도 정작 바쁜 이유에 대해서는 알지 못하고 허둥거린다.

시간은 돈과 마찬가지로 관리하지 않으면 낭비하게 된다. 계획이 있으면 최소한의 시간과 돈으로도 얼마든지 유용하게 쓸 수 있다.

다음은 시간 관리의 유익함에 대해 정리한 것이다. 시간 관리에 대한 동기부여가 필요할 때 혹은 시간 관리의 목적을 다잡을 때 유용하다.

- 시간 관리를 잘하면 주어진 시간 내에 목표를 달성한다.
- 질서 있게 일을 처리할 수 있다.
- 일과 휴식의 조화로 일의 능률이 오르며 기분 좋게 일할 수 있다.
- 시간과 물질의 낭비를 막을 수 있다.
- 서두름과 분주함을 다스릴 수 있어 사고와 스트레스를 예방한다.
- 여유 시간이 생겨 일 외에도 가정생활, 취미 생활, 자기 계발 등을 할 수 있다.
- 일생의 꿈과 소원을 만족스럽게 달성할 수 있다.

시간 관리를 잘하는 사람 vs 시간 관리를 못하는 사람

시간 관리의 수준은 사람마다 다르다. 시간 관리를 배우려면 먼저 자신의 기본적인 습관을 점검하고 현재 상태를 살펴야 한다.

다음은 시간 관리를 잘하는 사람들의 특징이다. 읽고 자신의 모습과 비교하여 생각해 보기 바란다.(괄호 안은 반대 현상)

• 시간을 지배할 수 있다.

(↔ 시간에 끌려다닌다.)

• 시간을 아끼며 자투리 시간을 잘 활용한다. 시간을 낭비하지 않는다.

(↔ 시간에 대해서 후하다. 통이 크다.)

• 머리를 써서 일한다.

(↔ 습관에 따라 일한다.)

• 주어진 시간 내에 목표를 달성한다.

(↔ 시간 내에 목표를 달성하지 못한다.)

• 계획에 따라 일관성 있게 활동한다.

(↔ 기분이나 환경에 따라 즉흥적으로 행동한다.)

• 아무리 바빠도 서두르지 않는다.

(↔ 바쁠 때만 서두르고 그렇지 않을 때는 게으르다.)

• 미리미리 준비한다.

(↔ 준비성이 부족해 긴박한 상황이 되어야만 움직이다.)

- 삶이 건강하다. 균형과 조화, 발전의 삼박자가 고루 갖춰져 있다.

(← 삶이 건강하지 못하다. 균형이 깨져 있고 혼란스러우며 발전이 없다.)

- 삶에 좋은 일이 넘치며 기쁨과 보람으로 가득 차 있다.

(← 삶이 권태롭거나 괴롭다. 새로운 일이 많지 않다.)

- 늘 미래 지향적이다.

(←과거 지향적이거나 답보 상태다.)

시간 관리를 잘하는 사람은 주어진 시간을 잘 활용한다. 지극히 적은 시간도 허투루 보내지 않는다. 시간을 관리하지 못하는 사람은 많은 시간이 있어도 잘 활용하지 못한다. 도리어 시간이 부족하다고 탓한다. 시간을 알차게 쓰는 사람은 시간의 많고 적음을 따지지 않는다. 시간은 많고 적음의 문제가 아니라 활용 능력에 따른 차이만 있을 뿐이다.

바쁘게 움직이는 사람들을 잘 보라. 그들은 1분 1초의 시간도 헛되이 쓰지 않기 위해 늘 긴장하고 계획을 수시로 점검한다.

그날의 목표와 해야 하는 일의 목록을 작성하라

목표 설정이 잘되어 있으면 반은 이룬 것이다. 같은 동네에 사는 두 명의 직원이 있다. 둘은 1년 선후배 사이다. 둘은 같이 출근하여 같은 사무실에서 근무한다. 심지어 퇴근 시간도 같다. 선배는 여유를 가지고 일을 하면서도 많은 일을 해내 퇴근 무렵이면 보고할 사항이 많다. 후배 직원은 바빠 서두르지만, 퇴근 시간이 되면 무엇을 했는지 모를 정도로 결과가 빈약하다. 후배가 이런 자신의 고민을 이야기하자 선배는 다음과 같이 대답했다.

"나는 출근하자마자 오늘 해야 할 일을 분명하게 적고 목록에 따라 일을 처리한다네."

후배는 선배의 말을 듣고 그의 방식을 따라 했는데 놀라운 일이 벌어졌다. 하루에 처리하는 일의 양이 자신이 직접 처리하고도 믿기지 않을 정도로 늘어난 것이다.

목표를 세우고 할 일들을 기록해 일과표를 작성하면 지금 해야 할 일이 분명해지며, 오늘까지 끝내야 한다는 목표 의식이 생긴다. 일과표가 있으면 순조롭게 일과를 진행할 수 있다.

아무리 급해도 바늘허리에 실을 감아 쓸 수 없듯 먼저 해야 할 일은 우선적으로 처리해야 일이 순조롭게 풀린다. 목표를 설정하고 계획을 세우는 것은 일을 시작하기 전에 가장 먼저 해야 하는 일임을 명심해야 한다.

분 단위로 기록하라

일과표를 작성한 뒤에는 계획에 따라 일했는지 검토하기 위해

15분 단위로 일정을 나누어 무엇을 했는지 세밀하게 기록한다. 단 하루라도 좋으니 한번 해 보라. 일과표 작성은 작은 일이지만, 많은 노력과 정성이 필요하다. 기록하다 보면 다음과 같은 현상들을 발견할 수 있을 것이다.

'어떤 일은 계획보다 더 많은 시간이 소요되는 반면 어떤 일은 예상보다 빨리 마쳤다.'

'돌발 상황이 생겨 계획된 일을 하지 못했다.'

'중요한 일에는 시간을 적게 쓰고 사소한 일에 시간을 많이 쓴다.'

시간을 기록하는 것은 간단한 실습이지만, 효과는 대단히 크다. 주로 어떤 일에 시간을 많이 할애하는지, 알차게 쓰는지, 허투루 쓰는지, 집중이 잘 될 때와 흐려질 때는 언제인지 등 자신의 업무 패턴과 장단점을 파악하는 데 유용하다.

시간 관리가 어려운 이유

시간 관리가 어려운 데는 여러 가지 이유가 있다. 외적으로는 제한된 시간에 많은 일을 해야 하기 때문이고 내적인 조건으로는 시간 관리 훈련이 부족하기 때문이다. 눈에 보이지 않는 중요한 장애 요인이 하나 더 있다. 바로 지금까지 길들여온 타성, 습관이다.

한 회사에 매일 택시를 타고 출근하는 직원이 있었다. 경비는 궁금함을 참지 못하고 직원에게 물었다.

"돈이 많은 모양이네요. 매일 택시를 타고 출근하네요."

직원은 멋쩍어하며 대답했다.

"돈이 많은 것이 아니라……, 실은 제가 잠이 많아요."

5분만 일찍 일어나서 출발하면 대중교통을 이용할 수 있는데도 늦잠을 자느라 번번이 택시를 이용한 것이다.

직장인들은 대부분 퇴근 후 귀가해 습관적으로 텔레비전 앞에 앉아 시간을 보낸다. 적정 시간을 넘어가면 낭비인 줄 알지만, 손에서 리모컨을 놓기가 어렵다. 사람의 습관은 강력하다. 걸을 때 왼발부터 딛는 사람에게 오른발부터 디디라고 하면 어려움을 느낀다. 신발도 마찬가지다. 오른쪽부터 신는 사람에게 왼쪽부터 신으라고 하면 어색해한다. 습관의 힘이 작용하기 때문이다.

습관에는 좋은 습관도 있지만, 나쁜 습관도 있다. 나쁜 습관의 대표적인 것이 타성, 매너리즘이다. 타성에 젖어 있다면 정체를 알아채고 통제해야 한다. 그렇지 않으면 삶에 활기는 사라지고 무의미한 일상이 반복되어 발전 가능성마저 사라진다. 왜 일을 해야 하는지, 어떻게 하면 새로운 방법으로 일할 수 있을지 고려하지 않고 반복된 행동만 하게 된다.

사장은 타성과 싸워야 한다. 그러기 위해서는 자신의 행동을 예민하게 관찰하라. 작은 행동도 자세히 보라. 꼭 필요해서 하는 행동인지 습관적으로 하는 행동인지 판단하라. 왜 그 일을 해야 하는지 동기를 분명히 하라. 늘 새롭게 생각하고 행동하라. 그래야 신선한 마음으로 일할 수 있다.

우리는 대부분 타성에 젖어 있다. 대부분의 일이 표준화되어 있기 때문이다. 이치에 맞느냐, 맞지 않느냐를 생각하지 않고 '규정이니까', '이전부터 그렇게 해 왔으니까'라는 주장에 눌려 새로운 의견이나 반박을 제시하기가 어렵다.

현상 유지가 목적인 사람은 타성에서 빠져나오기가 어렵다. 매너리즘을 극복하기가 어렵다. 자기 생각과 행동을 검토하고 새로운 시각과 행동을 취할 때 변화와 발전을 얻을 수 있다. 특히 한 분야에 오래 종사하면 자신도 모르게 타성에 젖어 사업이 퇴보한다. 명심하라. 사장은 늘 타성을 경계해야 한다. 타성에 젖는 순간 회사는 위태로워진다.

잘 만든 시간 문화,
높은 빌딩 안 부럽다

과로와 일중독을 예방하라

과로는 오랫동안 일해야 성과도 클 것이라는 생각에서 비롯된 그릇된 조직 문화이다. 사람의 정력에는 한계가 있다. 과로 때문에 발생하는 사고의 위험은 9시간 이후부터 기하급수적으로 증가한다. 노동시간이 교통사고에 미치는 영향에 관한 연구를 보면 6시간부터 사고율이 서서히 증가하다가 10시간째에 최고조에 이른다. 주당 60시간 이상 일하는 경우 산재 발생률이 23퍼센트가량 증가한다는 연구 결과도 있다. 장시간 노동의 위험성을 직감할 수 있는 대목이다.

알코올에 중독되는 것처럼 일에도 중독될 수 있다. 퇴근 후에도 사무실에 남아 있기, 휴가 자진 반납, 주말에도 서류 속에 파묻혀 있기, 처리할 업무로 불룩한 가방, 하숙집이 된 가정 등은 일중독의 증후이다. 일에 중독되면 장시간 일해도 효과를 거두지 못한다. 중요한 일을 성취하지 못한다. 쳇바퀴 돌 듯 일하게 된다. 일에 파묻히거나 일터에 있지 않으면 불안해한다. 일에 대한 강박관념이 생겨서 마음 놓고 쉬지도 못하며 바쁘게 움직이는 것으로 위안한다.

위의 현상이 반복되면 일에도 진전이 없을 뿐만 아니라 건강에도 악영향을 미친다. 가정을 잘 돌보지 못해 가족 간에 문제가 생길 수도 있다.

일에 몰두하는 것은 좋지만, 다른 것은 다 제치고 일에만 몰두하는 것은 바람직하지 못하다. 시간은 한정된 자원이다. 한 곳에 많은 시간을 들이면 다른 일은 할 수 없으며 한쪽으로 치우친 삶을 살게 된다. 균형과 조화가 깨진 삶은 결코 건전하다고 볼 수 없다.

시간표 짜기의 핵심 원리

회사의 시간표에는 조금씩 차이가 있다. 보통 직장인들은 오전 9시에 출근해서 오후 6시에 퇴근하는 것이 일반적이다. 물론 전혀 다른 시간표를 가진 직장인들도 많다. 출퇴근 시간은 직종에 따라 유동적이다. 원양어업에 종사하는 사람들은 하루가 아닌 보름, 한

달 이상의 단위로 시간표를 짠다. 제조업 회사는 가동률이 일정하지 않다. 봄과 여름에는 일감이 상대적으로 적고 가을과 겨울에는 일감이 많다. 시기별로 일정한 근로시간을 유지하기가 어렵다. 24시간을 교대로 일하는 경우에는 탄력적인 시간표가 필요하다.

시간은 일정하지 않지만, 시간표를 짜는 목표는 같다. 각자의 주된 업무를 달성하기 위해서 시간표를 짠다. 어떤 시간표를 짜든 회사의 생존 능력을 강화해 주어야 하며 직원들의 사생활과 가정생활을 보장할 수 있어야 한다. 다음은 시간표를 짜는 기본 원리이다. 원리를 익히면 시간표를 작성하는 데 크게 도움이 될 것이다.

- 업무를 제한된 시간 내에 달성하기 위해 합리적으로 시간을 조직한다.
- 우선순위가 높은 일은 시간을 충분히 할애하고 가장 능률이 높은 시간대에 배치한다.
- 업무 사이에 휴식 시간을 두어 집중도를 높인다.
- 마감일을 여유 있게 잡아서 돌발 상황에도 진행에 지장이 없도록 한다.
- 주간 계획은 주5일 근무제의 경우, 하루는 완전히 휴식을 취하고 하루는 주간에 하지 못한 일, 취미 생활, 가족과 함께하는 시간 등으로 쓴다.
- 매일 하는 일은 규칙적으로 하는 것이 효율적이므로 동일한

시간대에 배치한다.

• 시간표는 시간적 여유를 두고 미리 짠다.

합리적인 시간 문화

K 부장은 만 2세 아이를 둔 '워킹 맘'이다. 한창 보육 문제로 골치를 앓을 때다. 보통 워킹 맘들은 출퇴근 때 한바탕 전쟁을 치른다. 아이를 어린이집에 데려다 주고 데려오는 일은 여간 힘든 것이 아니다. 아이에 대한 걱정으로 회사 일이 손에 잡히지 않을 때도 있다. 최근 들어 K 부장은 붐비는 시간을 피해 아이를 데려다 주고 데려올 수 있게 되었다. 출퇴근 시간을 근로자가 정하는 탄력 근무제 덕분이다. 직원들의 편의를 고려하는 회사의 배려는 애사심과 생산성으로 나타난다.

국내 기업에도 선진국형 '일과 삶의 균형'을 생각하는 근무 제도가 확산되고 있다. 근로시간보다 질을 우선하는 인력 관리 시스템을 도입하려는 추세다. 일과 가정, 개인의 삶을 조화롭게 즐기려는 움직임이다.

제도의 유형은 다양하다. 생산성을 높이는 데 초점을 맞춘 제도와 근로자의 재충전과 육아에 비중을 둔 제도도 있다. 출근 시간을 자유롭게 하면 오전 시간을 활용하는 폭이 넓어진다. 아침에 학원을 갈 수도 있고 평일 오전 전시회 관람 등 다양한 문화생활을 즐길 수도 있다.

합리적인 시간 문화는 회사의 사장들이 고민하며 사정에 맞게 창안해야 하는 과제이다. 한국은 휴가, 육아, 근로시간의 조화 수준이 현저하게 낮다. OECD 35개국 중 33위이며 10점 만점에 5.4점으로 1위인 덴마크의 절반 수준이다. 사장은 직원들의 삶이 일과 균형을 이루고 그들이 창의적인 환경에서 일할 수 있도록 시간 문화를 개선해야 한다.

잘되는 회사의 시간 관리법은 뭐가 다를까

회사의 시간 문화를 혁신하는 것은 매우 어렵다. 과거의 관습을 타파하기도 어렵고 새로운 아이디어를 내기도 쉽지 않다. 시간 문화를 개선하기 위해서는 많은 노력이 필요하다. 불합리한 시간 문화는 사장과 직원뿐만 아니라 회사 전체에 악영향을 미친다. 사장은 늘 현실을 직시하고 시간 문화를 개선해 나가야 한다. 구성원들이 자신의 역할에 사명감을 가지고 움직일 수 있도록 분위기를 만들어 주는 것도 사장의 중요한 임무이다.

시간 관리 운영에 모범이 되는 사례를 통해서도 얼마든지 시간 관리를 배울 수 있다.

구글의 경우 모든 엔지니어에게 업무 시간의 20퍼센트를 흥미 있는 프로젝트에 쓸 수 있게 한다. 지메일, 구글 뉴스 등은 그 시간들을 통해 나온 결과다. 혁신은 틀에 박힌 사고와 문화 속에서는 절대 이루어지지 않는다.

미국의 대표적인 혁신 기업으로 평가받는 3M에는 '15퍼센트 원칙'이라는 제도가 있다. 직원들은 업무 시간의 15퍼센트를 일상적인 업무에서 벗어나 원하는 것을 할 수 있다. 자유 시간은 직원들의 창의력을 북돋아 참신한 제품 개발로 이어져 막대한 수익을 냈다.

분석 계측 장비 업체 세계 1위인 호리바 제작소의 창업주 호리바 마사오는 독특한 경영 철학을 가지고 있다. 그는 회사의 역량 중 70퍼센트는 이익을 창출하는 데 쓰고 나머지는 새로운 사업에 도전하는 데 사용한다는 원칙을 가지고 있다. 눈앞의 이익도 중요하지만, 미래를 위한 투자에 아끼지 않는 것이다. 호리바 제작소의 사훈은 '재미있고 즐겁게'이다. 회사 생활이 즐거워야 아이디어가 샘솟는다고 믿는 것이다.

그는 직원 중에서 몇 명을 선발하여 근무시간을 어떻게 사용하는지 조사하게 했다. 결과는 놀라웠다. 직원들은 하루 중 세 시간 정도만 본연의 일에 몰두하고 나머지 시간은 전화 통화 등 업무와 전혀 관계없는 일을 하고 있었다. 그는 직원들의 시간 낭비를 줄이기 위해 유리 칸막이를 설치하고 전화기는 한 대만 남겨 두고 모두 철거하였다. 환경이 새로워지자 직원들은 하루 7시간까지 업무에 몰두하게 되었다.

'모든 업무 시간을 반으로 줄여라'와 같은 '타임 원 하프' 제도 역시 그의 경영 철학에서 비롯되었다. 작업 시간을 줄이려고 마음먹으면 얼마든지 줄일 수 있다는 것이다. 그는 '중요한 일은 오전에 하라'는 '집중타임제'를 실시했다. 기운이 왕성하고 머리가 맑은 오전에 일에 집중하면 업무 시간을 절반으로 줄일 수 있다는 생각에서였다. 유연성과 철저함을 융합하여 만든 시간 문화는 호리바 제작소를 창의적인 기업으로 이끈 원동력이다.

회의를 회의답게 만드는
사장의 에티켓

회의는 꼭 해야 할까

회사에서는 각종 회의를 한다. 회의는 정보 교류뿐만 아니라 문제에 대한 다양한 의견을 수렴하여 결정을 내리는 중요한 과정이다. 회의는 반드시 생산적이어야 한다.

대안이 없는 비난, 부서 혹은 개인의 분쟁으로 이어지는 감정싸움은 피해야 한다. 회의가 회의답지 않으면 회의會議에 대한 회의懷疑만 불러올 뿐이다.

회의에는 귀중한 시간이 투자된다. 투자 대비 성과를 내야 하는 것은 당연한 이치다. 귀중한 업무 시간을 내서 낭비하는 것은 회사로서도 큰 손해다. 실효를 거두지 못한 회의는 회사의 가장 큰 시간 낭비이다.

다음은 회의 풍경에 대한 두 가지 모습이다.

- 첫번째 풍경: 지루한 분위기의 회의가 2시간 동안 진행되고 있다. 누구도 선뜻 결론을 내리지 못해 내일 다시 이어서 하자는 의견으로 일단락되었다. 다음 회의에서 결론이 있으리라는 보장은 없다. 회의 참석자들은 모두 내일 회의를 걱정하며 기분이 가라앉았다.

- 두번째 풍경: 회의 한 시간 전에 안건에 대한 자료가 배포됐다. 참석자들은 서둘러 자료를 숙지하고 논의할 내용을 정리했다. 정확히 1시간 뒤에 회의가 시작됐고 회의실 정면에는 1시간으로 설정된 스톱워치가 보인다. 참석자들은 의견을 짧고 압축적으로 발표했다. 회의는 40여 분 만에 끝났고 1시간 뒤 회의록이 참석자들에게 전달됐다. 참석자들은 결정된 사항에 대해 만족했고 업무를 재개했다.

전자와 후자의 차이점은 무엇인가? 전자는 사전 준비가 없었으며 회의 목적도 분명하지 않았다. 회의는 반드시 분명한 원칙과 목적을 가져야 한다. 회의는 잘 쓰면 약이 되고 반대의 경우에는 독이 된다는 사실을 항상 기억하라.

회의 문화 개선

사장 중에는 심각할 정도로 비효율적인 회의에 중독된 사람들이 많다. 어떤 사장은 업무의 절반 이상을 회의에 쓴다. 회의를 많이 한다고 좋은 묘안이 생기는 것이 아닌데도 회의에 중독된 사장들은 크고 작은 모든 일에 회의를 소집하려 한다.

실질적으로 회의에서 발생하는 비효율적인 시간은 엄청나다. 시간 낭비를 막기 위해서는 회의의 목적을 분명히 해야 한다. 회의에서 무엇을 결정할지 명확하게 정하는 것이다. 목적이 명확해야 예상 결과, 진행 순서, 참석 대상자, 회의 장소 등을 생각할 수 있다.

회의와 관련된 구체적인 사안이 결정되면 성공적인 회의가 될 가능성이 높다. 무엇을 결정할지 미리 정하는 것은 간단한 일이지만, 회의 결과를 결정짓는 중요한 과정이다.

대부분의 회의는 정보 공유, 의견 수렴, 의사 결정 등의 3가지 목적을 두고 있다. 회의 전에 목적이 위 세 가지에서 벗어나 명확하지 않다면 과감히 회의를 취소해야 한다.

회의 목적이 정해진 다음에는 수준을 높여야 한다. 가장 적은 인원이 자발적으로 참여해 최대한 몰입하는 분위기가 되도록 해야 한다.

회의가 형식적으로 끝나지 않고 활발한 의사소통의 장이 되려면 사전 준비가 철저해야 한다. 사전 준비가 되지 않은 회의는 시간만 낭비하게 된다.

구글의 직원들은 회의할 때 회의 자료, 회의록, 스톱워치 등을 모니터 화면에 동시에 띄운다. 별다른 작업 없이 회의 내용과 결과가 자동으로 기록되어 참석자들은 실시간으로 내용을 숙지한다. 회의록 작성자는 내용을 실시간으로 정리하며 참석자들은 자기 의견이 잘못 반영된 경우 즉시 수정을 요청한다.

불필요한 회의를 없애거나 회의 문화를 효율적으로 개선하는 것이야말로 생산성 향상의 지름길이다.

효율적인 회의를 위해서는 회의 시간과 회의 자료에 대해 모든 직원이 합의할 수 있는 규칙을 정하고 엄격히 준수해야 한다.

효율적으로 회의하는 방법

회의에서 가장 중요한 사람은 사회자다. 성공적인 회의는 그의 진행에 달려 있다. 진행은 지도력이 뛰어난 직원에게 맡기는 것이 좋다.

다음은 효율적인 회의 운영을 위해 사회자가 숙지해야 하는 사항이다.

- 시간 엄수! 반드시 정해진 시간에 회의를 시작하라. 회의는 무조건 정시에 시작해야 한다. 시작은 사회자의 권한이다. 정시에 시작해야 정시에 마칠 가능성이 높아진다.

- 회의의 목적을 분명히 말하라. 회의 시간표와 토의 사항, 목적을 사전에 자료로 만들어 회의 전에 나눠 주어야 한다. 일정표는 최소 하루 전에 작성되어야 한다. 회의의 목적을 분명하게 알리면 중간에 혼란이 생기는 것을 최소화할 수 있다.

- 자신의 의견을 적극적으로 말하라. 개회 선언을 알리는 목소리와 이어지는 말이 성공적인 회의를 만든다. 다루어야 할 중요한 문제와 결정된 사항이 가져오는 효과에 대해서도 분명하게 알려야 한다.

  사회자는 본 회의의 가치를 강조하며 참석자들이 적극적으로 참여하도록 동기를 부여해야 한다. 부정적인 태도를 보이거나 소극적이어서는 안 된다.

- 간단하게 말하라. 발언 시간은 1분에서 1분 30초면 충분하다. 사회자는 참석자들에게 안건을 알리고 전반적인 진행을 맡는 사람이다.

  설명이 지나치게 장황하거나 말의 호흡이 길어지면 중요한 것을 놓치거나 날카롭게 표현하지 못해 회의 흐름을 깨거나 참석자들의 집중도를 떨어뜨릴 수 있다.

- 발언권을 신중하게 결정하라. 당연한 말이지만, 회의에서는 한 번에 한 사람만 말해야 한다. 다른 사람이 말할 때는 귀 기울여 들어야 한다. 회의 분위기가 고조되면 자칫 감정이 앞서

서로 발언하려고 한다.

사회자는 상대의 발언을 경청하는 분위기가 유지되도록 중재해야 한다. 발언이 끝나면 혼선이 없도록 의견을 요약해 참석자들에게 전달해야 한다.

• 참석자들이 공감하는 결론을 끌어내라. 모든 참석자가 만족하는 결론을 내기는 어렵지만, 전반적인 공감을 사는 결론으로 이어지도록 힘써야 한다. 가급적 참석자들의 다양한 생각을 이끌어 내서 결론에 이르도록 해야 한다.

• 결정된 사항을 분명히 말하라. 회의를 통해서 어떤 사항이 합의되었는지 참석자들에게 전달하라. 회의 내에서 분명하게 전달해야 추후에 다시 모이거나 전달을 반복하는 상황이 벌어지지 않는다.

• 종료 시각을 정확히 지켜라. 사람들이 회의를 기피하는 가장 큰 이유 중 하나가 제시간이 넘어도 끝날 기미가 보이지 않아서다. 사회자는 시작과 마찬가지로 끝날 때도 시간을 엄수해야 한다.

직원들이 반기는 회의를 위한 사장의 에티켓

회의가 즐겁고 화기애애한 소통의 장이라면 누구도 참석을 마다치 않을 것이다. 사장이 주도적으로 발언하고 직원들은 무조건 동의해야 하는 분위기라면 참석을 꺼릴 수밖에 없다.

다음은 모두가 즐거운 회의를 위해 사장이 숙지해야 하는 기본 에티켓이다.

- 사전 준비를 철저히 하자. 회의가 길어지는 것은 안건에 대해 충분히 생각하지 않고 형식적으로 몸만 참석하기 때문이다. 몇 분만 먼저 생각하고 들어가면 시간을 획기적으로 줄일 수 있다.

  사장은 늘 어떻게 하면 더 짧고, 간결하고, 생산적인 회의가 될 수 있을지 고민해야 한다. 5분, 10분만 생각을 정리해도 회의 시간이 30분은 줄어들 수 있다.

- 회의를 통해 얻으려는 결과가 어떤 것인지 생각하라. 참석자들에게 원하는 것이 무엇인지, 회의를 통해 어떤 사항을 결정하고 진행할 것인지 사전에 분명히 밝혀라.

- 불필요한 회의는 과감히 생략하라. 정례적인 모임이라도 안건이 없으면 과감히 생략하는 것이 좋다.

  형식적으로 하는 회의 대신 게시판에 글을 올리거나, 이메일 혹은 메신저를 통해 공지하는 것도 좋은 방법이다.

- 사회자가 아니라면 사장도 참석자 중 한 사람일 뿐이다. 사장은 회의 때 다른 직원들보다 말을 아끼며 경청하는 것이 좋다. 회의 도중에 사장이 나서서 자기 의견을 주장하게 되면 회의가 원활하게 진행되지 않는다.

특히 우리나라의 기업 문화는 상명하복上命下服의 분위기가 지배적이기 때문에 조금만 사장이 권위를 내세우면 회의 분위기가 경직될 수 있다. 회의 때는 직급과 관계없이 수평적인 상태에서 활발한 소통이 이루어져야 한다.

삶은 연습할 기회를 주지 않는다. 성공하든 실패하든 단 한 번의 기회만 주어진다.

Life does not give you a dress rehearsal. There is one try; either you succeed or fail.

Chapter
7

사장의 습관:
시간을 버는 습관 VS 시간을 버리는 습관

01

시간을 버는
좋은 습관

우리에게는 다양한 습관이 있다. 삶에 유익한 좋은 습관도 있고 해로운 나쁜 습관도 있다. 행동이 반복되면 습관이 되고 습관이 굳어지면 성격이 된다. 사람의 성격만큼 습관도 다양하다.

모든 사람은 저마다 독특한 습관을 지니고 있다. 소설가 빅토르 위고는 얼음처럼 찬물에 목욕하는 것을 좋아했다. 철학자 장 폴 사르트르는 아침에 3시간, 저녁에 3시간 글을 쓰는 습관이 있었다. 작곡가 이고리 스트라빈스키는 작곡이 잘 풀리지 않으면 물구나무서기를 했다. 베토벤은 오선지 두 장을 주머니에 넣고 하는 산책을 즐겼으며 아인슈타인은 오전 9-10시 사이에 일간지를 정독했다.

위인들 역시 삶에 근심이 많았고 술과 친구, 게으름의 유혹과 싸우기 위해 고투했다.

《상실의 시대》의 저자 무라카미 하루키의 삶은 많은 사람에게 본보기가 된다. 그는 오전 4시 전후로 일어나서 원고를 쓴다. 오전 10시까지 6시간을 집필에만 몰두한다. 이후 숲 속을 달리며 운동한다. 일과 건강 어느 것도 놓치지 않는다. 그는 오전 10시에 자신이 집중해서 해야 하는 일을 마친다. 오후에는 취미 활동으로 번역을 하거나 중고 음반 가게를 다닌다. 장을 봐서 요리해 저녁을 먹은 뒤 책을 읽다가 10시쯤 잠든다. 그는 생활을 단순화하고 집중하여 순간순간을 충만하게 살아간다.

모두가 하루키의 방식을 따라 하기는 힘들지만, 자신의 일과를 검토하며 바람직한 습관을 기를 필요는 있다. 좋은 습관은 시간을 벌어 줄 뿐만 아니라 성공을 부른다. 우리는 좋은 습관은 부단히 기르고 나쁜 습관은 과감하게 버리는 노력을 해야 한다.

사장은 돈을 버는 것도 중요하지만, 시간을 벌어야 한다. 시간을 버는 것이 곧 돈을 버는 것이고 회사의 경쟁력이 된다. 이장에서는 사장이 길러야 할 좋은 습관과 버려야 할 나쁜 습관에 대해서 살펴볼 것이다.

근자필성勤者必成 : 부지런한 사람이 성공한다

현대그룹 창설자 정주영 회장은 재임 시절 오전 3시에 일어나서 5시에 아침 식사를 한 뒤 출근했다. 전형적인 아침형 기업인이었다. 20대부터 40년 동안 조깅을 한 기업의 대표, 매일 아침 6시에 달리기로 하루를 시작하는 사장, 아침 6시에 출근하는 사장 등 남들보다 먼저 하루를 시작하는 대표들이 많다. 통계를 보면 전 세계 부자의 90퍼센트 이상이 평균적인 기상 시간보다 3시간 전에 일어나서 활동한다고 한다.

새벽을 예찬하는 격언도 많다. 엘라 휠러 윌콕스의 말이다.

"하루의 가장 달콤한 순간은 새벽에 있다."

수면은 사회생활뿐 아니라 건강에도 영향을 끼칠 수 있다. 흔히 새벽에 일어나는 사람을 '종달새'에 비유한다. 종달새형은 아침에 일찍 일어나서 활동하기 때문에 오후에 피로가 더 빨리 찾아오므로 오전에 약간의 휴식을 취하는 것이 좋다.

새벽에는 황금 시간이 존재한다. 같은 1시간이라도 새벽에는 오전보다 2배 이상의 능률을 올릴 수 있고 오후나 밤보다 4배의 능률을 올린다. 방해되는 것이 없어서 집중하기가 수월하다. 새벽 시간을 잘만 활용하면 일과의 80퍼센트를 능히 해낼 수 있다.

특히 새벽의 활용은 '할 일은 많은데 시간은 없다'라는 말을 달고 사는 사장에게 유용하다. 남들보다 하루를 일찍 시작하려면 일찍 잠자리에 드는 것은 필수다. 하루를 일찍 시작했을 때의 유용성은 무궁무진하다. 일찍 일어나면 하루를 기분 좋게 시작할 수 있다. 늦잠 자는 일이 없으므로 여유 있게 하루를 시작할 수 있다. 단잠을 이룰 수 있다. 특히 여름에는 해가 빨리 뜨기 때문에 새벽에 일과를 시작하기가 좋으며 한낮에 더울 때는 쉽게 지치기 때문에 마음 놓고 집중해서 일할 시간은 새벽뿐이다.

사장은 새벽 시간을 집중적으로 활용해야 한다. 현대사회는 집중을 방해하는 요인이 너무나 많다. 쏟아지는 정보와 처리해야 하는 다양한 일거리로 한 가지 일에 집중하기가 무척 어렵다. 자기 영역을 방해받지 않고 마음껏 쓸 수 있는 시간은 오로지 새벽뿐이다. 낮에 매우 바쁜 일정을 가진 사장이라면 업무를 새벽에 2시간 혹은 3시간 정도 할애하여 집중해서 처리한다면 분주함에서 벗어나 여유를 찾을 수 있다.

유비무환有備無患: 준비가 있으면 근심이 없다

C 교수는 과거 유학 시절 하버드대학에서 석사와 박사 과정을 공부하며 혼자서 학비와 생활비를 감당해야 했다. 하버드대 학생들의 공부량은 상당하다. 시험 때는 하루 18시간 이상 공부하고, 잠은 2-3시간 잔다. 수시로 제출해야 하는 에세이 등 과제물이 만만치 않다. '하버드를 졸업한 뒤에는 인생이 아주 쉬워진다'라는 말이

졸업생들 사이에 있을 정도로 생활에 여유가 없다.

당시 C는 기숙사 사감을 맡아 7년 동안 하면서 많은 학생들을 만났다. 그중에는 설렁설렁 노는 것 같은데도 성적이 뛰어난 학생들이 여럿 있었다. 그들을 유심히 살펴본 결과 나름의 비법이 있었다. 그들은 무슨 일이든 '예정보다 10일 먼저 해치우기' 원칙을 고수했다. 일정을 열흘 앞당겨서 움직이는 것이다. 읽어야 하는 책, 써야 하는 에세이, 발표 준비들을 모두 10일 앞서서 처리한다. 처음에는 열흘 분량의 일을 미리 해야 하므로 어렵다. C도 처음에는 익숙하지 않아 시행착오를 겪었지만, 노력 끝에 '10일 먼저 사는' 우등생이 되었다.

미리미리 하면 서두름과 졸작을 예방할 수 있다. 미국인들은 매사 여유롭고 느긋하다. 태만이나 게으름과는 거리가 멀다. 그들은 해야 할 일에는 책임을 다한다. 그들의 여유와 느긋함은 뛰어난 준비성에 있었다. 그들은 일할 때 치밀하게 계획하고 충분한 여유를 두고 진행한다.

우리처럼 바쁘게 사는 사람들이 또 있을까. 사실 우리가 바쁜 이유는 욕심이 많거나 준비성이 부족해서이다. 마감일에 맞춰 일을 진행할 뿐 계획할 시간을 갖지 않는다. 즉흥적으로 생각하고 행동한다. 마감에 쫓기면 일을 하다가 서두르게 되고 실수가 생기며 완성도가 떨어질 수밖에 없다.

해야 할 일을 미리미리 하면 심리적 부담감이 줄어들어 편안한 마음으로 일을 즐길 수 있다. 폭넓은 시야를 갖게 되며 돌발 상황이 생겨도 대처할 수 있는 여유가 있다. 미리미리 하는 습관을 들이면 각종 사고와 부실도 예방할 수 있다. 다음은 미리미리 계획할 수 있는 사항에 대한 예시이다. 참고하여 자기에게 맞는 계획을 세우자.

- 지금 당장 처리할 수 있는 것은 미루지 않고 바로 실행한다.
- 어차피 해야 할 일이라면 시간적 여유가 있어도 즉시 처리한다.
- 마감 시간까지 여유가 있어도 일찍 당겨서 시작한다. 일찍 시작하면 돌발 상황이 생겨도 유연하게 대처할 수 있으며 마감일 전에 완성할 수 있다.
- 내일 계획은 오늘 퇴근 전에 세운다.
- 내달 계획은 이번 달 25일까지 완성한다.
- 내년 계획은 올여름 휴가 때 구상하여 늦어도 10월까지는 완성한다.
- 노후 준비는 삼십 대 초반부터 한다.
- 어려운 때를 대비해서 미리미리 저축한다.
- 중요한 약속이 있으면 예상 시간보다 30분 전에 출발한다.

총명불여둔필 聰明不如鈍筆 : 아무리 기억력이 좋아도 그때그때 적어 두어야 한다

CEO 중에는 메모의 기술이 뛰어난 사람들이 많다. L 회장은 매년 직원들에게 수첩을 나눠 주고 메모 습관을 직접 교육한다. 메모 습관이 몸에 밴 직원과 그렇지 않은 직원의 업무 능력 차이를 현장에서 경험했기 때문이다. 생각은 적어 두지 않으면 사라지기 때문에 나는 즉시 기록해야 한다. L 회장은 일단 생각나는 대로 할 일과 아이디어를 번호를 매겨 적는다. 이루면 목록에서 지우고 참신하지 않은 아이디어도 과감하게 지운다. 이루지 못한 일만 그대로 남는다. 메모로 장단기 계획이 자연스럽게 정리되는 것이다. 정리된 계획은 기업의 연간 계획, 비전 수립에 실질적인 아이디어로 활용된다.

Y 회장과 K 회장 역시 항상 수첩과 필기구를 지니고 다니며 틈나는 대로 메모한다. Y 회장은 처음 만나는 사람과 명함을 주고받으면 명함에 만난 시간과 장소, 인상착의, 주요 특징 등을 곧바로 적는다. 그의 이런 습관 덕분에 550여 명의 직원과 수백 명의 장기 가맹점주들을 기억하게 됐다. K 회장도 좋은 이야기나 글이 있으면 자연스럽게 수첩을 꺼낸다. 방송 촬영 중에 생각난 아이디어를 메모하다가 NG를 낸 적도 있었다. 그의 메모 습관은 자연스럽게 일기로 이어져 30여 년째 꾸준히 써 오고 있다.

K 사장은 집무실에 커다란 메모판을 걸어 두고 아이디어가 떠오를 때마다 적는다. 머릿속이 복잡할 때 메모판을 보면 생각을 정리하는 데 도움이 된다고 한다. 메모는 사업의 기본이기 때문에 사장이 반드시 들여야 하는 습관이다.

위인들 중에도 메모광이 많았다. 다산 정약용은 550권 이상의 저서를 집필했다. 그는 책을 읽으면서 필요한 것을 메모해 두었다가 집필할 때 참고했다. 미국의 대통령 링컨은 항상 모자 속에 종이와 연필을 가지고 다니면서 좋은 말을 듣거나 영감이 떠오르면 즉시 기록하는 습관이 있었다.

무엇을 적는 행위는 뇌세포를 자극하여 두뇌를 발달시키고 인지능력을 높인다. 메모는 머릿속에서 일상을 정리하는 데 효과적이며 마음을 안정시키는 데 도움이 된다. 방대한 양의 정보 중 필요한 것만 걸러내는 데 유용하다. 휴대전화, 컴퓨터, 텔레비전, 각종 매체 등에서 쏟아지는 정보를 관리하기 힘든 오늘날, 메모는 모든 사장에게 꼭 필요한 습관이다. 사장은 자신에게 맞는 메모 습관을 형성할 필요가 있다.

다음은 메모의 핵심적인 요령 세 가지다. 첫째, 언제 어디서든 메모한다. 머릿속에 떠오른 생각은 즉시 기록한다. 걸을 때, 목욕할 때, 다른 사람과 대화할 때, 텔레비전을 볼 때 등 언제 어디서든 메모하라. 둘째, 항상 필기구를 소지한다. 셋째, 당시 상황을 기억할 수 있도록 핵심 단어 위주로 정리한다. 메모는 길고 자세하게 할 필요가 없다. 순간의 느낌과 분위기를 정확하게 기록하기만 하면 된다.

메모를 하지 않는 주된 원인은 메모의 중요성을 모르고 한 번 보고 들은 것은 모두 기억할 수 있다고 착각하기 때문이다. 모두가 경험하는 것이지만, 우리의 기억은 아주 인상적인 것을 제외하고는 시간이 조금만 지나도 재생이 어렵다. 아무리 좋은 기억력도 짤막한 기록을 따라가지는 못한다.

정신일도하사불성精神一到 何事不成: 정신을 한곳에 모으면 이루어지지 않을 일이 없다

플로우Flow의 개념을 만든 헝가리 출신의 심리학자 미하이 칙센트미하이는 다음과 같이 말했다.

"인간은 플로우를 체험할 때 더욱 행복해진다."

여기서 플로우는 몰입 혹은 집중을 뜻한다. 플로우는 좋아하는 순간에 충실히 몰두하는 것이다. 놀이에 빠진 아이들은 시간을 전혀 의식하지 않으며 놀이를 통한 자신의 유익을 계산하지 않는다. 스스로 도전을 찾아 나서며 과제가 생기면 쉽게 몰입한다. 아이를 따라 집중하다 보면 아주 유쾌하고 편안한 순간을 맛볼 수 있다.

아이들은 왜 몰입을 잘할까. 호기심이 많고 노는 것을 좋아하기 때문이다. 누구나 좋아하는 일에는 집중이 잘되기 마련이다. 나이가 들수록 집중이 어려워진다. 관심 분야가 많아지고 생각이 여러 갈래로 분산되기 때문이다. 해야 할 일이 많아 어디에 초점을 맞출지 모른다. 그럴 때는 의도적으로라도 집중력을 강화하는 습관을 길러야 한다.

몰입은 가장 효과적인 시간 관리법이다. 어떤 일에 몰두할 때는 시간이 멈춘다. 존재하는 것은 여기와 현재뿐이다. 과거와 미래도 현재에 묻힌다. 연구에 몰두하는 과학자, 연주에 열중하는 연주자들, 사랑에 빠진 남녀, 경기에 집중하는 운동선수들은 몰입을 경험하며 시간의 흐름을 인식하지 못한다. 시간이 가는 줄 모르고 집중하는 것만큼 일의 능률을 올리는 방법은 없다.

훌륭한 사장은 자신의 능력을 어려운 과제에 집중한다. 이때 몰입을 경험한다. 눈앞의 과제에 빠지면 시간 가는 줄 모를 뿐만 아니라 자신의 존재마저도 잊게 된다. 나폴레옹은 뛰어난 집중력의 소유자였다. 그는 남들이 2년에 걸쳐서 하는 일을 불과 2주 만에 끝냈다고 한다.

집중하는 시간에 따라 하루를 얼마나 충실하게 보냈는지가 결정된다. 어영부영 시간을 때우면서 대충대충 일하는 사람은 몰입을 경험하지 못한다. 다음은 집중력 향상에 도움이 되는 방법이다. 집중력이 부족하다면 아래 내용을 참고하여 집중하는 습관을 들이기 바란다.

- 자기가 하는 일을 좋아하라. 흥미가 있는 일에는 푹 빠지기 마련이다. 일이 싫고 재미가 없으면 집중하기 어렵다.
- 매사에 정확한 목표를 세워라. 분명한 목표가 있으면 집중이 잘된다.

- 일하는 시간과 쉬는 시간을 정하라. 한 가지 일에 장시간 집중하면 질리기 쉽다. 긴장과 이완이 잘 이루어져야 집중이 잘 된다.

- 큰 목표는 세분화하여 이루기 쉬운 것부터 한 가지씩 성취해 나간다. 처음부터 높은 목표에 집중하는 것은 누구나 어렵다.

- 마감 시간을 의식하면서 일하면 집중이 잘된다.

- 규칙적인 식습관과 수면 패턴으로 항상 좋은 몸 상태를 유지한다.

- 집중을 방해하는 심리적 요인, 환경적 요인 등을 다스린다.

우각괘서牛角掛書: 시간을 아껴 공부하는 데 힘쓴다

'우각괘서'는 소를 타고 독서하는 모습을 표현한 재미있는 사자성어이다. 반기문 UN 사무총장은 우각괘서의 대표적인 인물이다. 그가 1979년 유엔 대표부 일등 서기관으로 뉴욕의 본부에 입성했을 때였다. 그는 점심시간이 되면 프랑스 회화책을 보며 단어를 열심히 외우다가 점심시간이 끝날 무렵에서야 비로소 식사를 시작했다. 사람들이 몰려 음식을 기다려야 하는 시간을 아껴서 단어를 외운 것이다. 덕분에 그는 프랑스어를 잘하게 되었고 훗날 유엔 사무총장 후보로 나섰을 때도 프랑스의 적극적인 지지를 받았다. 하나라도 더 배우고 준비하려는 삶의 태도가 그를 대성하게 했다.

M사장의 차는 이동 사무실과 같다. 그는 출퇴근 시간 혹은 시내 출장 및 현장에 갈 때 차 안에서 여러 가지 일을 한다. 주요 고객과 전화 통화를 하며 좋은 아이디어가 떠오르면 메모를 한다. 사업 구상도 하고 내일 할 일도 생각한다. 피곤할 때는 낮잠도 청한다. 그는 차 안에서 특별한 시간을 보낸다.

하루 24시간 중 순수하게 쓸 수 있는 시간은 9시간에서 10시간 밖에 되지 않는다. 나머지는 수면 시간 외에 출퇴근 시간, 기타 생리적 욕구를 채우기 위해 쓴다. 부족한 시간을 채우려면 일과 일 사이에 발생하는 대기 시간, 이동하는 시간 사이의 틈을 활용해야 한다. 평균적으로 하루에 2시간 정도의 틈이 생기는데 대부분의 사람들은 자투리 시간을 휴지처럼 바람에 날아가도록 내버려 둔다. 이 시간을 적극적으로 활용하면 남들보다 2시간을 더 벌 수 있다.

자투리 시간은 반드시 생길 수밖에 없으므로 평소에 활용하는 습관을 들여야 한다. 어떤 때는 일이 취소되어 상당히 긴 시간이 주어지기도 한다. 해외 출장의 경우 항공편이 취소되어 꼬박 하루를 기다리는 데 써야 할 때도 있다. 불특정하고 사소한 시간을 세월 따라 흘려보내지 말고 반드시 건져야 한다. 그러기 위해서는 사전에 계획이 있어야 한다. 시간이 날 때 해야 하는 일을 미리 수첩에 적어 놓는 것도 좋은 방법이다.

시간 관리의 중요한 원칙 중 하나는 길고 짧음에 관계없이 모두 계획해서 쓰는 것이다. 자투리 시간도 마찬가지다. 그냥 보내지 말고 계획을 세워 흐름을 이어가는 것이 바람직하다. 자투리 시간 사용에 대한 기본 전제는 모든 시간의 가치를 인정하는 것이다. 버려도 되는 시간은 없다. 근무 중에 자투리 시간이 생긴다면 다음과 같이 활용할 수 있다.

- 다음에 할 일을 구상한다.
- 조용히 눈을 감고 사색한다.
- 복도나 회사 주위를 5분간 걷는다.
- 낙서, 스케치, 메모 등을 한다.
- 신문과 잡지를 훑어본다.
- 비서나 직원과 짧은 대화를 나눈다.

회화책을 이용해서 공부를 할 수도 있고 중요한 업무를 처리할 수도 있다. 업무의 연장으로 이용해서 일을 끝낼 수도 있다. 자투리 시간 활용법은 사람마다 다르다. 어떤 사장은 자투리 시간에 무조건 외국어 회화 연습을 한다. 어떤 사장은 고객 이름과 회사 내규 등을 열심히 외운다. 어느 교수는 20년 동안 자투리 시간만을 이용해 외국어 8가지를 익혔다고 한다.

그동안 자투리 시간을 무의미하게 썼다면 지금부터라도 의미 있게 쓰길 바란다. 지금보다 하루 1시간만 더 활용한다면 10년 후에는 훨씬 더 발전된 모습일 것이다. 자투리 시간을 가볍게 생각해서는 안 된다. 시간의 가치를 아는 사장은 1분도 소중히 생각하며 5분의 활용도는 보통 사람의 두 배다. 만약 하루에 15분의 자투리 시간을 의미 있게 사용한다고 결심한다면 다음의 놀라운 결과를 얻을 수 있다.

첫째, 1년 동안 책 한 권을 쓸 수 있다. 작은 정원을 가꿀 수 있다. 악기 한 가지를 배울 수 있다. 외국어 회화를 중급 정도로 할 수 있게 된다.

둘째, 3년간 계속하면 해당 분야의 전문 지식을 얻을 수 있다.

셋째, 40년간 지속하면 책 1천 권을 읽을 수 있으며, 대학을 5번 다닌 것과 같은 학습량을 소화하게 된다.

독서삼매讀書三昧: 책 읽기에 온 정신을 집중하는 상태

정보의 홍수로 독서는 우리의 일상과 멀어지고 있다. 클릭 한 번으로 손쉽게 정보를 구할 수 있는 세상에서 직접 정보를 찾아 나서야 하는 책은 다소 불편하게 느껴진다. 그럼에도 사장은 책 읽기에 관심을 가져야 한다. 독서를 권유하면 '시간이 없어서'라며 핑계를 대는데 사실 시간이 아니라 관심의 문제다. 시간이 없어서가 아니라 관심이 없어서 책을 읽지 못한다. 관심이 있으면 바쁜 와중에서도 짬을 내 책을 읽을 수 있다.

"지도자는 독서가이다Leaders are readers."

"1페이지를 읽는 사람은 2페이지를 읽는 사람의 종이 된다."

위의 말처럼 사장은 습관적으로 책을 가까이하고 많이 읽어야 한다. 서가를 보면 그 사람을 알 수 있는데 사장도 마찬가지다. 서가를 보면 독서를 얼마나 즐기며 어떤 책을 좋아하는지 대략 알 수 있다. 사장의 서가는 다양한 분야의 책들로 가득해야 한다. 그렇다면 사장은 왜 책을 읽어야 할까.

첫째, 자신의 태도와 지식, 기술을 변화시키기 위해서이다. 현대의 지식과 기술의 변화 속도는 매우 빠르며 점점 빨라지고 있는 추세다. 사장은 자신의 분야뿐만 아니라 다른 분야에도 관심을 가지고 폭넓게 독서해야 한다. 선택이 아닌 살아남기 위한 행동 지침이다. 독서를 하지 않으면 뒤처질 수밖에 없으며 회사 전체에 악영향을 미치게 된다.

둘째, 시간 활용을 위해서이다. 독서는 적은 시간에 다양한 지식을 얻게 한다. 저자가 다년간에 걸쳐 연구한 것을 독서로 몇 시간 내에 습득하는 것은 시간상으로 이득이다.

셋째, 행복한 시간을 갖기 위해서이다. 영국의 소설가 존 릴리는 독서의 즐거움에 대해 다음과 같이 말했다.

"책은 가장 싼 값으로 가장 오랫동안 기쁨을 누리게 한다."

1만 원 내외의 금액을 투자했을 때 책만큼 오랫동안 행복감을 주는 것도 없다.

윌리엄 글래드스턴은 벤저민 디즈레일리와 더불어 영국을 대표하는 정치가이다. 그는 대단한 독서가로 많은 논문과 저서를 남겼다. 그는 자투리 시간에 대비해 주머니에 늘 소책자를 넣고 다녔다. 그가 읽은 책은 정치, 경제, 외교 분야가 아니었다. 주로 시를 비롯한 소설 등 문학작품이었다. 문학을 통해 지친 심신을 달래며 휴식을 취한 것이다.

K 사장은 매일 오전 일과 중 15분을 내서 책을 읽는다. 1년간 매일 반복한 결과 40권의 책을 읽었다. A 사장은 매일 5시간 이상 책을 읽는다. 그는 대중교통이 책 읽기에 가장 좋은 곳이라고 말한다. 목표한 분량을 채우지 못하면 지하철 순환선을 타고 책을 읽는다. P 사장은 매년 200권의 책을 읽는다. 직원들의 생일에는 어김없이 책을 선물한다. 독서 의지와 책에 대한 관심만 있으면 시간과 경비는 얼마든지 만들 수 있다. 다음은 독서 시간을 일과의 일부로 활용하는 방법이다.

- 일 년 치 독서 목표를 세운다. '올해 최소 50권의 책을 읽는다'와 같이 현실적이고 자신의 상황에 맞는 목표를 세운다.
- 매주 1회 서점에 들러 신간 도서를 구입한다.
- 책은 항상 잘 보이는 곳에 두고 틈이 날 때마다 읽는다.
- 출장, 외출, 여행에는 반드시 책을 챙긴다.
- 차 안, 대중교통 등 이동하는 시간에 책을 읽는다.

- 일과표에 '15분간 책 읽기'를 넣는다.
- 약속 장소를 서점으로 정한다. 약속한 시각보다 30분 미리 가서 책을 읽는다.
- 한 달에 한 번 '책 읽는 날'을 정해 독서에만 몰입한다.
- 글을 쓰고 연설문을 작성한다. 자연히 독서량이 늘 것이다.

파고착조破觚斲雕: 모난 것을 둥글게 하고, 복잡한 것을 간단하게 한다

단순한 모습이 가장 인간다우며 위대한 삶의 모습이다. 역사에 기록된 위인들의 삶은 단순했다. 다음은 톨스토이의 말이다.

"참으로 중요한 일을 하는 사람은 항상 단순하다. 쓸데없는 일을 생각할 틈이 없기 때문이다."

사실 우리의 삶이 힘든 것은 복잡하게 계산하고 너무 많이 생각하기 때문이다. 단순하게 생각할 일도 사람들은 복잡하게 생각한다. 홍수처럼 밀려드는 정보와 업무에 사장들은 정신이 없다. 정말 중요한 것이 무엇인지 생각할 겨를이 없고 일에 파묻혀서 하루하루 지낸다.

직원뿐만 아니라 사장들도 다음의 불만을 토로한다.

"절차가 너무 복잡해."

"잡무가 왜 이리 많아!"

"열심히 일하는데 왜 성과는 나타나지 않아?"

사장도 문제의 핵심을 간파하기 어려울 때가 있다. 그렇다고 무턱 대고 지시를 내리거나 비현실적인 목표를 요구하고 막대한 분량의 보고서를 제출하라고 압박하며 회의를 자주 소집하면 직원들은 지칠 수밖에 없다. 복잡한 상황이라면 단순하게 생각해야 한다. 때로는 단순한 것이 강력하다. 단순함이 시간과 물질, 정력의 낭비를 막는다.

일을 단순하게 처리하면 효과적인 의사 결정을 내릴 수 있다. 사원들의 시간도 보호할 수 있다. 임직원 모두가 혼란하고 복잡한 업무에서 해방돼 단순하게 일하는 기업이 경쟁력을 갖춘다.

성공한 CEO 중에는 단순화를 중요하게 여기고 실천한 사람들이 많다. GE의 잭 웰치 회장은 자신의 책상에 올라오는 모든 서류는 한 장을 넘기면 안 된다고 원칙을 정했다. 수백억 달러가 넘는 투자 건도 한 장의 보고서만 검토하고 의사를 결정했다. 스티브 잡스도 단순함을 추구했다. 그는 단순해질 때까지 쓸데없는 요소를 계속해서 제거했다.

단순화하는 것이 결코 쉽지만은 않다. 두꺼운 책 한 권을 요약하거나, 제품의 장점을 살린 문구를 만드는 것은 결코 쉽지 않다. 단순해지려면 오직 본질에만 초점을 맞추고 부차적인 것, 군더더기들은 과감하게 버려야 한다. 무엇을 빼고 그만둘지를 분명하게 생각해야 한다.

사장의 일상을 들여다보면 줄이거나 빼야 하는 일들이 많다. 다음은 삶을 단순하게 만드는 기술이다.

- 어린아이의 순진한 마음을 지녀라.
- 목표를 한정하고 달성하기 위해 노력하라.
- 서류를 단순하게 만들어라.
- 불필요한 외부 약속, 활동을 줄여라.
- 모르는 것은 솔직하게 시인하라.
- 집무실에 너무 많은 가구와 장식품을 들이지 마라.
- 정기적으로 물건들을 정리해서 버릴 것은 버려라.
- 요점을 생각하면서 말하라. 중언부언하지 마라.
- 말수는 적게 하고 실행을 알차게 하라.
- 단순하게 글쓰는 연습을 하라.
- 복잡한 문제는 가급적 간단하게 생각하라.
- 문제 해결을 위해 한꺼번에 많은 일을 하려 하지 말고 한 번에 한 가지씩만 하라.
- 너무 많은 계획은 금물이다.
- 특별한 목적이 없는 수집 취미는 과감하게 접어라.

망중유한忙中有閑:
바쁜 가운데도 한가한 짬이 있다

사업을 하다 보면 불면불휴不眠不休, 자지도, 쉬지도 않고 일할 때가 있다. 바쁠 때도 휴식은 반드시 취해야 한다. 피곤할 때 쉬는 것이 아니라 피로를 방지하기 위해 쉬어야 한다. 휴식은 자신의 몸과 마음을 지키는 약이다. 밤에 할 수 있는 일이 많아지면서 수면 시간은 지속적으로 감소하고 있다.

수면 부족은 다양한 후유증을 동반한다. 우선 잠이 부족하면 업무 효율이 떨어진다. 각종 실수와 사고가 발생한다. 비만과 당뇨병 등 질병에 노출되기 쉽다. 스트레스나 피로와 싸우기 위해 더 많이 음식을 섭취해서 결국 건강을 해친다.

대부분의 사장들은 잠이 부족하다. 눈을 뜨면 많은 업무와 일정이 기다리고 있는데 잠이 부족하니 기력이 없다. 누구보다 그들에게는 효과적인 수면 방법이 필요하다.

Y 사장은 매일 오전 4시에 일어나 새벽의 3시간을 활용한다. 8시 30분에 회사에 도착해 오전 업무를 보고 12시에 점심을 먹는다. 1시에 사무실에 들어오면 불을 끄고 의자에 편안히 앉아 낮잠을 청한다. 25분 정도 낮잠을 자고 일어나 스트레칭을 15분 정도 한다. 이후 다시 업무를 재개한다. 그는 매일 자는 낮잠을 '꿀잠'이라고 부른다. 낮잠을 잔 후에는 기분이 좋고 활력이 넘쳐 오후 일정을 거뜬히 소화해 낸다.

위인들도 낮잠을 즐겼다. 아인슈타인, 에디슨, 윈스턴 처칠, 아이젠하워, 케네디 등 그들은 낮잠이 과중한 업무의 부담에 맞서는 유용한 방패임을 일찍이 깨달았다. 수면 연구가 사라 메드닉크는 '낮잠 선언'에서 낮잠의 유익을 다음과 같이 나열했다.

- 주의력을 100퍼센트까지 끌어올린다.
- 운동 능력과 정확함을 키워 준다.
- 지각 능력과 결단력을 향상시킨다.
- 심장마비나 뇌졸중의 위험을 현저히 끌어내린다.
- 동안을 유지하는 데 도움이 된다.
- 잠을 충분히 자면 단 것이나 기름진 스낵 따위를 즐기지 않게 되어 살을 빼는 데 도움이 된다.
- 잠을 자는 동안 세로토닌이라는 물질이 두뇌에 활발히 분비되어 기분이 좋아진다.
- 스트레스를 줄여 주며, 피곤함을 이기려고 입에 대는 약물이나 알코올의 의존도를 떨어뜨린다.
- 기억력과 창의성이 높아진다.
- 지나친 피로감을 막아 주어 밤잠을 잘 자게 한다.
- 더욱 달콤한 성생활을 할 수 있다.

낮잠은 부족한 밤잠을 보충해 주는 역할도 하지만, 밤잠이 부족하지 않아도 규칙적으로 낮잠을 잘 필요는 있다. 짧은 낮잠은 긴 휴식과도 같다. 낮잠은 짧지만, 일의 능률을 높이는 데 효과적이다. 우리 몸은 일정한 상태를 유지하려는 항상성이 있어 낮잠도 매일 정해진 시간에 자는 것이 좋다. 점심시간에 따라서 시간을 정하는데 보통은 12시부터 3시가 무난하다. 짧게는 15분부터 길게는 40분이 적당하다. 낮잠이 너무 길면 밤잠을 설칠 수 있으니 유의해야 한다. 만약 불면증이 있다면 낮잠은 피해야 한다.

낮잠 장소는 조용하고 어두운 곳이 좋다. 의자에 자연스럽게 기대는데 각도는 등받이를 직각에서 10도 정도 젖히는 것이 안정적이다. 목이나 등을 받치고 엉덩이는 안쪽까지 밀어 넣고 허리에 쿠션을 대면 편안하게 낮잠을 즐길 수 있다. 잠에서 깨 바로 일과를 시작하기보다는 15분 정도 잠의 여운에서 벗어나도록 몸을 푸는 시간을 갖는 것이 좋다.

시간을 정해서 낮잠을 잘 수 있는 사람은 행복한 사람이다. 모든 사람이 자고 싶을 때 자고 일하고 싶을 때 일하는 자유가 있지는 않다. 지금까지 낮잠의 효용을 발견하지 못했다면 정기적으로 낮잠을 청해 보라. 낮잠의 유익을 경험하면 절대 마다치 않을 것이다. 사장은 시간에 대한 자율성이 있으니 정기적으로 낮잠을 즐겨 볼 만하다.

박아이문博我以文: 글로써 자신을 넓힌다

당신이 사장이 될 수 있었던 가장 큰 이유는 눈물겨운 배움의 시간이 있었기 때문이다. 회사의 성과는 사장을 포함한 모든 임직원이 만든 부가가치의 합이다. 회사를 유지하기 위해서는 수익이 필요한데 문제는 부가가치를 만드는 것이 쉽지 않다. 확실한 대안은 꾸준한 연구와 개발을 통해 경쟁력을 얻는 것이다. 사장은 공부에 대한 의지와 연구가 있어야 한다. 자신과 회사에 대한 성장을 늘 고민해야 한다.

'나이는 숫자에 불과하다'라는 말은 '학업에는 때가 없다'와 맥락이 같다. 공부에 가장 적합한 때는 배우려는 의지가 있을 때이다. 고령에도 불구하고 학업에 매진하는 경영자들이 많다. 그들은 배움이 일상이고 학업의 유익과 재미를 알기 때문에 계속해서 도전한다. 배움 혹은 학습은 요람에서 무덤에 이를 때까지 피할 수 없는 인생의 과제이다. 배움을 중단하는 사람은 성장을 멈춘 나무와 같다. 40세 이후부터는 뇌세포가 10년에 5퍼센트씩 감소한다고 하니 현상 유지를 위해서라도 많은 노력이 필요하다.

사장이 되면 공부가 필요 없다고 생각할 수도 있지만, 잘못된 생각이다. 사장은 회사에 미치는 영향력이 크기 때문에 그의 변화는 회사와 직원들에게 엄청난 파급효과가 있다. 사장이 공부하지 않으면 회사는 퇴보한다.

배움의 유익은 다양하다. 책임과 임무를 원활하게 수행할 수 있으며 변화에 재빠르게 적응할 수 있다. '아는 만큼 보인다'라는 말처럼 아는 것이 없으면 삶의 다양한 혜택을 누릴 수 없다. 많이 알면 알수록 인생을 더욱 풍요롭게 살 수 있다. 늘 배우고 익히려는 태도를 가지려면 자신의 부족함에 항상 민감하게 반응해야 한다. 겸손한 마음이 있어야 배우는 사람이 될 수 있다. 자기의 무지함, 무력감을 깨닫는 것은 여러모로 유용하다. 성공한 사장들의 공통점은 늘 도전 의식을 느낀다는 것이다. 덕분에 그들은 항상 더 나은 고지를 향해 정진한다.

학습에는 계획이 필수이다. 자신에게 맞는 학습 계획이 성과를 결정한다. 학습의 분야는 다음과 같이 5가지로 나눌 수 있는데 특징에 따라 올바른 계획을 세워야 한다.

첫째, 태도에 관계된 학습이다. 가치관, 인생관, 철학 등 삶의 의미와 가치를 주는 학문이다. 문학과 철학 등 인문학 관련 서적을 탐독하고 설교나 강연을 듣는 것도 유익하다.

둘째, 지식과 정보를 위한 학습이다. 전문 서적을 포함해 경제지를 두루 읽고 메모해야 한다.

셋째, 기술과 관계된 학습이다. 자기 분야의 고유 업무를 수행하는 데 필요한 기술이 있다. 리더십의 기술이 있고 의사소통 기술이 있다. 말하기, 쓰기, 듣기, 읽기 등이다. 외국어를 구사하는 것도 기술이다. 롤 모델을 정해 놓고 본보기로 삼으며 끊임없이 반복해야 한다.

넷째, 의욕과 관련된 학습이다. 감동적인 성공 이야기나 실패를 극복한 사례를 접한다. 도전 의식과 목표를 잃지 않도록 끊임없이 동기를 부여해야 한다.

다섯째, 풍성한 삶을 위한 공부다. 삶의 질을 높이기 위한 취미 활동, 교양을 쌓는 일 등이 포함된다. 비즈니스 코칭을 전문으로 하는 H 사장은 다음과 같이 말했다.

"기업 대표들을 많이 만나 보니 자기 전문 분야만 아는 경우가 많았다. 그러면 아는 한도 내에서만 결정을 내리게 된다."

스티브 잡스, 빌 게이츠를 비롯하여 성공한 기업인들은 시, 기타 연주, 미술, 무용, 성악, 사진 등 자신의 분야 외에도 다양한 분야에 조예가 깊었다. 문화와 예술, 경영의 공통점은 열정, 창의성, 프로 의식이 필요하다는 것이다. 세상사는 매우 복잡다단하다. 일만 하거나 공부만 하는 획일적인 삶보다는 다양한 문화와 예술 활동을 경험하는 것이 틀을 깨고 더 넓은 지평으로 나아가는 힘이 된다.

배우려는 목적의식이 뚜렷하면 삶의 모든 상황에서 배울 수 있다. 성공을 통해서도, 실패를 통해서도 배울 수 있다. 활력이 있는 사람들은 자신의 고정된 습관과 태도에 얽매이지 않는다. 배우려는 의지만 있다면 배움의 기회를 곳곳에서 발견할 수 있다. 사장은 평생 공부해야 하며 모든 학습 과정은 일관된 비전을 향해 연결되어야 한다.

우공이산愚公移山 : 어리석은 사람이 산을 옮긴다

남이 보기에는 어리석어 보이지만, 우직하게 한 우물을 파는 사람이 성공한다는 뜻이다. 관련 일화이다. 우공이라는 노인이 살고 있었는데 그의 집 앞에는 태행산과 왕옥산이라는 큰 산이 있어 생활이 몹시 불편했다. 어느 날 노인은 가족에게 다음과 같이 말했다.

"가족이 모두 힘을 합쳐 산을 옮기면 길이 넓어져 편리할 것 같소."

가족들은 반대했지만, 노인은 뜻을 굽히지 않고 실행에 옮겼다. 끝이 보이지 않는 긴 작업이 1년간 이어졌다.

"살날이 얼마 남지도 않은 노인이 왜 그렇게 힘든 작업을 하십니까?"

그의 무모함에 이웃들은 비웃으며 말했다. 노인은 담담하게 대답했다.

"내가 죽으면 내 아들, 그가 죽으면 손자가 계속할 것이오. 산은 깎이지만, 더 높아지지는 않으니 언젠가는 길이 생길 것이오."

결국, 두 산을 지키는 사신이蛇神 자신들의 거처를 걱정해 천제에게 호소했고 우공의 우직함에 감동한 천제가 자신의 두 아들을 시켜 두 산을 모두 다른 곳으로 옮겨 주었다고 한다.

재능이 많다고 반드시 성공하는 것은 아니다. 교육을 많이 받았다고 성공하는 것도 아니다. 성공하려면 인내심이 필요하다. 우공이산의 교훈을 신뢰하고 행동한다면 성공하지 못할 이유가 없다.

괴테는 약 60년에 걸쳐 《파우스트》를 완성했다. 베토벤은 제9번 교향곡을 무려 29년에 걸쳐 완성했다. 뉴턴은 삶의 끝자락에서 다음과 같이 말했다.

"내가 발견한 것 중에 가장 귀중한 것은 인내였다."

다음은 철학자 에픽테토스의 말이다.

"포도 한 송이가 만들어지는 데도 과정이 있고 세월이 걸린다. 우선 꽃을 피우게 하고 그다음에 열매를 맺게 하고, 또 그다음에 여물게 한다."

무슨 일이든 차근차근 단계를 거치며 인내를 통해 성과를 거두어야 한다. 서두르거나 조급해하면 안 된다. 인생은 결과보다 이르는 과정이 더 중요하다. 사업도 마찬가지다. 괴롭고 힘든 과정이라도 자체에 의미가 있기 때문에 초심을 잃지 않고 목표를 되새기며 느긋한 마음으로 가야 한다.

우리는 '은근과 끈기'의 민족이었으나 요즘에는 속도가 미덕이 되어 인내를 찾아보기가 힘들다. 참고 견디는 힘이 없으면 아무것도 이룰 수 없다. 사장은 외부 상황과 마음에 동요가 생겨도 자신의 위치를 지키며 내면의 평화를 유지해야 한다. 어려움을 포기하지 않고 반드시 넘어서겠다는 의지로 문제를 돌파해야 한다. 사장이 안주하지만 않으면 회사의 꿈과 비전은 이루어진다. 사장이라면 인내에 대한 다음의 명언을 반드시 기억하라.

"그대는 마음의 뜰에도 인내를 심어라. 뿌리는 쓰지만, 그 열매는 달다."

시간을 버리는
나쁜 습관

임경굴정臨耕掘井 : 논을 갈 때가 돼서야 물을 댈 우물을 판다

준비 없이 있다가 일을 당해야 허둥지둥 행동함을 뜻한다. 비슷한 말로 임갈굴정臨渴掘井이 있다.

대부분의 사람들이 눈앞의 일만 바라보기 때문에 먼 앞일을 내다보지 못하다가 갑작스럽게 일을 당하면 허둥댄다. 1997년에 발생한 IMF로 얼마나 많은 기업과 개인이 곤경에 처하고 몰락했는가? 그 와중에도 충분히 현금을 확보하고 있던 기업이나 개인은 버틸 수 있었다.

과거 국가와 민족의 위기도 지도자들의 임경굴정 태도로 발생한 것이 많다. 평소 경각심이 부족한 탓에 현실에 안주하다가 갑작스레 닥친 재앙에 속수무책으로 당했다. 지도자들이 미래를 내다보고 차근차근 준비했다면 국가의 재앙을 충분히 막을 수 있었을 것이다.

임진왜란이 일어나자 당시 임금이었던 선조는 백성을 버리고 평안도 의주로 피난했다. 7년간의 전쟁으로 경작지 중 60퍼센트 이상이 훼손되었고 목숨을 잃은 백성이 셀 수 없이 많았다. 엄청난 재앙 이후에도 조정에서는 정신을 차리지 못하고 당파 싸움만 계속 하였다.

병자호란 때도 상황은 달라지지 않았다. 청나라가 14만 명의 정병을 이끌고 압록강을 넘어 서울에 들이닥쳤을 때 당시 왕이었던 인조는 백성을 버리고 부리나케 신하들과 남한산성에 들어갔다. 인조는 피신한 지 46일 만에 청의 장수에게 무릎을 꿇었고 왕자를 비롯한 무고한 백성 50만 명이 중국으로 끌려가 노예 생활을 해야 했다.

그 후 2백여 년이 지난 뒤 조선은 주권을 일본에게 빼앗겼다. 주권을 잃은 우리나라가 일제강점기에 당한 설욕은 말로 다 형언할 수가 없다.

해방된 지 5년 뒤에는 한국전쟁이 일어났다. 전쟁에 아무런 대비를 하지 못한 대통령과 고관들은 국민을 안심시키고 한강을 넘어 피난길에 올랐다. 임진왜란의 선조, 병자호란의 인조, 한국전쟁

때 이승만 대통령은 국가 위기 상황에서 국민을 버리고 도망갔다는 공통점이 있다.

지도자로서 최악의 상황에 미리 대비했더라면 우리의 역사는 달라졌을 것이다. 지도자는 항상 위기의 순간을 생각하고 철저하게 대책을 준비해야 한다. 회사도 마찬가지다. 평소에 위기를 관리하지 않으면 큰 사고가 발생한다. 대형 사고가 발생하기 전에는 경미한 사건 사고가 발생한다. 사장은 평소 회사에서 일어나는 일에 관심을 가져 큰 사고로 이어질만한 요인이 있다면 미리 제거하고 대책을 마련해야 한다.

세계적인 물류 기업 페덱스의 '1:10:100의 법칙'은 최상의 서비스와 제품을 생산하기 위해 고안된 것이다. 불량이 생겼을 때 바로 고치면 1의 원가가 든다. 만약 책임 소재를 피하려고 사실을 숨겨 제품이나 서비스가 회사의 문을 나서면 10의 비용이 들고, 고객의 손에 들어가 불평, 불만으로 회사에 돌아오면 100의 비용이 든다. 사소한 실수를 바로잡지 않을 경우 수습 비용이 10배, 100배로 커짐을 강조하고 있다. 사장은 평소 위 법칙을 명심하고 돌발 상황에 대한 전략을 세워 위기에 강한 회사로 키워야 한다.

차일피일此日彼日: 정해진 기한을 자꾸 미루는 모양

약속을 차일피일 미루는 사람이 있다. 돈을 갚으라고 독촉했지만, 어려운 사정을 이야기하며 미루는 사람, 자식들과 주말에 놀아주기로 약속하고도 피곤하다는 이유로 미루는 부모, 임금 지급을 미루는 사장 등 미루는 것이 습관인 사람들이 있다.

한 도둑이 있다. 그는 빛보다 빠르고 달빛처럼 조용하게 금고를 연다. 그의 솜씨는 사람들의 이목을 사로잡는다. 사람들은 그의 솜씨에 반해 가깝게 지낸다. 그는 눈 하나 깜빡하지 않고 상대를 빈털터리로 만든다. 도둑은 사람들의 동정심을 얻기 위해 다양한 이야기를 만든다. 그에게 빠지면 누가 뭐래도 그를 신뢰하고 옹호하게 된다. 그의 계략을 알아채고 원망해도 때는 늦었다. 도둑의 계략을 깨닫지 못하는 사람들도 있다. 그들은 도둑과 함께 팔짱을 끼고 무덤을 향해 걸어간다. 이 도둑의 이름은 지연遲延이다.

주특기는 시간 훔치기이다. 그는 우리의 시간을 빼앗고 싸구려 대용품들, 변명과 합리화, 공허한 약속, 당혹스러움, 죄의식만 남기고 사라진다. 그들은 상대의 방어가 소홀한 틈을 타 조용히 공격한다.

토요일 아침, 잠자리에서 눈을 뜨자마자 도둑은 당신에게 제안한다. 오늘은 토요일이니 조금 늦게 일어나는 것이 어떻겠냐고. 도둑은 '내일로 미룰 수 있는 일은 오늘 하지 마라'는 주문으로 당신을 유혹한다. 2주 동안 미뤄 온 과제의 마감 당일에도 서두를 필요가 없다고 속삭인다.

당신의 단호한 결심에 여유를 가장한 게으름을 희석한다. 도둑이 승리하게 두면 삶에서 이룰 수 있는 일은 없다. 도둑을 이기는 방법은 간단하다. 도둑이 다가와 유혹의 손길을 내밀 때 다음의 한 마디만 하면 된다.

"지금이야!"

지금이라는 말에 도둑은 당황하며 도망칠 것이다. 지금이라는 말을 달고 산다면 도둑은 듣는 데 지쳐서 당신을 떠날 것이다.

후회를 반복하는 당신의 삶에서 '지금'이라는 말은 차일피일 미루는 게으름을 단박에 정리할 것이다. 우리는 미루는 습관에서 자유롭지 못하다. 나쁜 관계를 끝내거나 어려운 결정을 미루는 버릇이 있다. 자꾸 일을 미루다 보면 삶의 긍정적인 부분을 접할 시간은 줄어들 수밖에 없다. 인생은 미루는 습관을 버릴 때 한층 더 여유로워지고 수월해진다. 지금 당장, 실행을 미룬 계획 두 가지를 적고 한 가지를 선택해 내일까지 완수하라. 미룬 일들을 완성할 때까지는 다른 계획을 세우지 마라. 답장해야 할 편지, 걸어야 할 전화가 있으면 지금 하라.

과유불급過猶不及 : 지나친 것은 미치지 못한 것과 같다

다음은 공자와 제자 자공이 주고받은 문답이다.

"선생님, 자장과 자하 중 누가 낫습니까?"

"자장은 지나친 면이 있고 자하는 미치지 못하는 면이 있다."

"그렇다면 자장이 낫겠군요."

"지나친 것은 미치지 못하는 것과 같다."

한쪽으로 치우치지 말라는 교훈으로 '중용'과도 비슷한 맥락이다. 유대인의 경전 《탈무드》에도 정도를 넘으면 안 되는 것 8가지가 나와 있는데, 여행, 친구, 일, 술, 잠, 약, 향료, 돈이다.

한자 과過가 들어가는 말도 조심해야 한다. 과로過勞, 과식過食, 과속過速, 과욕過慾, 과민過敏, 과중過重, 과언過言 등은 조심해야 한다. 아무리 선한 일도 지나치게 하면 해롭다. 사람은 매사에 균형을 지켜야 한다. 지나침은 중독을 유발한다.

한 CEO는 해외로 골프 여행을 가서 사망했다. 골프에 빠진 나머지 아침부터 저녁까지 12시간을 무리해서 쳤기 때문이다. 식사도 마찬가지다. 식욕은 사람의 본능이다. 식사는 건강 유지가 가장 큰 목적이지만, 먹는 재미 역시 삶의 중요한 부분이다. 식욕이 지나쳐 음식을 과하게 섭취하면 건강을 해친다. 자기 수양으로 금식이나 단식을 하는 사람이 있는데 그보다 더 어려운 것이 매끼 식사량을 조절하는 것이다.

회사에 대한 사장의 욕심도 마찬가지다. 사업을 확장하려는 욕구는 당연하지만, 지나치면 위험하다. 사업에 대한 욕심은 사장에게 꼭 필요하다.

혁신 연구가 슘페터는 기업가들이 자신의 '탐욕'을 채우려는 데서 혁신을 이룬다고 주장했다. 욕심이 강하지 않은 사람들은 월급쟁이에 만족한다. 욕심이 강한 사람들은 위험을 감수하고 새로운 일에 도전한다. 이때 현재 상황을 깨뜨리는 '창조적 파괴'가 진행된다. 슘페터는 이것이 자본주의 발전의 동력이라고 주장한다.

경제가 성장하려면 기업가들의 탐욕을 적당한 범위 내에서 용인하며 생산력 향상으로 이어질 수 있도록 통로를 구축해야 한다. 위험부담을 안고라도 도전을 감행하는 기업이 있을 때 경제가 성장한다. 기업가 정신을 도덕적 잣대로만 평가하는 것은 바람직하지 않다.

잘 된다고 해서 과도하게 사업을 확장하거나 문어발식으로 경영하는 것 역시 문제다. 아무리 사업이 잘 된다하더라도 1년에 20퍼센트 이상 확장하면 회사에 무리가 된다.

사장이 욕망을 조절해야 회사와 직원, 자기가 산다. 중용의 실천은 사장이 지켜야 하는 최고의 덕목이다. 중용이란 주관과 객관이 분리되지 않고 하나로 결합되어 있는 것이다. 중용을 지켜야 자신과 사물을 다스릴 수 있다. 공자는 중용의 실천이 가장 어렵다고 하며, 군자만이 중용을 지킬 수 있다고 했다. 삶의 모든 영역에서 중용을 지킬 수 있다면 충실한 삶을 살 수 있다. 특히 한국인은 극단에 치우치는 경향이 있기 때문에 중용지도中庸之道를 배워야 한다.

각주구검 刻舟求劍 : 엉뚱하고 미련하여 현실에 어둡다

중국 초나라 사람이 배를 타고 강을 건너갈 때였다. 그는 손에 쥔 칼이 물에 빠지자 칼이 빠진 뱃전에 칼자국을 냈다. 배가 육지에 닿자 그는 표시한 뱃전 밑 물로 뛰어들어 칼을 찾기 시작했다. 구경꾼들이 그의 어리석은 행동을 비웃었지만, 그는 아랑곳하지 않고 칼을 찾았다.

세상은 급속도로 변한다. 변하지 않는 것은 없다. 만물은 모두 변화하며 움직인다. 살아 있는 것은 모두 변하고 움직인다. 너무 천천히 변해서 인식할 수 없을 뿐 변화가 없는 것은 아니다. 변하는 것이 없다고 믿으면 배에 금을 긋고 칼을 찾는 어리석은 행동을 하게 된다.

사장은 변화에 밝아야 하며 예민해야 한다. 시장이 변해야 회사가 변하고 발전한다는 관점을 고수해야 한다. '10년이면 강산도 변한다'라는 말은 옛말이다. 지금은 변화 속도가 빨라져 1년에도 강산이 몇 번씩 변한다.

변화를 예측한다고 해도 구체적인 대책이 없으면 대응은커녕 충격에 휘청거릴 수밖에 없다. 변화의 속도는 토끼인데 대응 속도가 거북이라면 시대에 뒤처질 수밖에 없다. 변화는 바람과 같다. 어떤 때는 미풍 같지만, 곧 돌풍으로 변하고 심하면 폭풍이 된다.

변화에 대처하기 위해서는 변화를 예상할 수 있어야 한다. 사장은 변화를 예측하기 위해 상상력을 길러야 한다. 상상력을 총동원해 향후 5-10년 후를 상상해 보기 바란다. 신문의 주요 뉴스 목록을 작성해 보라. 지금과 달라질 것이 무엇인지 생각해 보라. 변화에 휩쓸리지 말고 능동적으로 대처해야 한다. 불가피한 변화는 받아들여야 하지만, 변화를 기회로 삼는 것이 진짜 능력이다. 다음은 피터 드러커의 말이다.

"기업가란 변화를 탐구하고 변화에 대응하며 또한 변화를 기회로써 이용하는 자이다."

사장은 신선한 변화를 일으키는 주체가 되어야 한다. 자기 자신을 변혁하고 사회를 혁신하는 일은 매우 어렵지만, 사장이 할 수 있는 가장 바람직한 일이며 위대한 일이다.

주마간산走馬看山 : 사물을 자세히 살펴보지 않고 겉만 대충 본다

자신의 속도가 아닌 다른 사람의 선택과 속도에 맞추어 여행 일정을 계획하는 것은 좋은 방법이 아니다. 좋은 것과 유명한 곳 위주로 팍팍하게 계획을 짜다 보면 심신이 지쳐 나중에는 좋은 것을 보아도 감흥이 없다. 남들이 보고 좋다는 것이 아닌 자신의 속도에 맞추어 걷고 보며 리듬을 만들어야 한다. 그래야 오래도록 기억에 남는 뜻깊은 여행이 된다.

우리는 속도를 늦추는 연습을 해야 한다. 삶의 속도는 빨라져 몸은 앞서 가는데 마음과 머리가 따라가지 못하고 뒤처져 있다. 삶은 몸과 마음, 머리가 올바른 균형을 이루어야 한다.

사업도 마찬가지다. 속도를 내서 처리해야 하는 일도 있지만, 중요한 일은 꼼꼼하게 실수 없이 처리해야 한다. 속도만 고수하면 추후에 일을 다시 하게 될 경우 시간과 비용이 두 배로 든다. 신문이나 잡지를 읽을 때도 마찬가지다. 별 관심이 없는 부분은 지나칠수 있지만, 중요한 내용은 꼼꼼히 살펴야 한다. 해야 할 일은 많은데 시간은 부족할 때 대충 처리하고 싶은 생각이 들기도 하지만, 중요하고 가치 있는 일이라면 마음의 여유를 가지고 시간을 들여 처리해야 한다.

미국의 유명한 방송인 에디 칸토는 성공을 위해 정신없이 달리는 청년이었다. 그는 앞뒤 가리지 않고 열심히 공부하고 일했다. 어느 날 그는 어머니에게서 편지를 받았다. 내용은 간단했지만, 그에게 큰 울림을 주었다.

"에디야, 너무 빨리 달리지 마라. 너무 빠르게 달리면 주변의 경치를 하나도 보지 못하고 그냥 지나친단다."

그는 어머니의 편지를 읽고 깊은 생각에 잠겼다. 이후 그는 다음의 4가지 질문을 수첩에 적고 수시로 자신에게 물었다.

"첫째, 나는 맹목적인 야심을 위해 달리는가? 아니면 가치 있는 일을 위해 사는가?"

자신이 좇는 것이 단순한 욕망인지, 가치 있는 것인지 묻는 질문이다.

"둘째, 나는 경력을 위해 일하는가? 아니면 가족을 위해 일하는가?"

"셋째, 나는 물질적인 성공을 원하는가? 아니면 인생의 참다운 보물을 추구하는가?"

"넷째, 나 자신을 위한 일인가? 아니면 남을 위한 일인가?"

그는 모든 일을 네 가지 질문에 대한 대답을 바탕으로 결정하고 선택했다. 성공 비결이 위 네 가지 질문이라고 해도 과언이 아닐 정도로 질문은 그의 삶에서 중요했다.

분주함을 통해 자신이 가치 있는 사람이라고 느끼는 것은 착각이고 환상이다. 세상이 만든 속도라는 괴물에게 붙잡혀 자신을 잃은 채 사는 것뿐이다.

동양화가 아름다운 이유는 여백 때문이다. 방은 화려한 장식품들로 가득 차기보다는 어느 정도 빈 공간이 있어야 편안하다. 음악도 적당한 곳에 쉼표가 있어야 듣는 귀가 지치지 않으며 지루하지 않다. 삶도 마찬가지다. 삶에는 여유가 있어야 한다. 돈과 시간 등 물질적으로 여유롭기보다는 마음이 여유로워야 한다. 마음이 여유로워야 어떤 상황에서도 주체적으로 움직일 수 있다.

빚에 쫓기는 사람, 시간에 쫓기는 사람, 강박관념을 안고 사는 사람은 모두 삶의 자유를 잃은 이들이다. 삶의 여유를 창조하며 맹목적인 서두름을 경계해야 한다.

시간을 최대로 선용하라
Make the best use of your time

사장의 **시간학**

초판 1쇄 인쇄 2014년 7월 10일
초판 1쇄 발행 2014년 7월 20일

지은이 유성은

펴낸이 박세현
펴낸곳 팬덤북스

기획위원 김정대·김종선·김옥림
편집 김종훈·이선희
디자인 강진영
영업 전창열

주소 (우)121-250 서울시 마포구 성산동 275-60번지 교홍빌딩 305호
전화 070-8821-4312 | **팩스** 02-6008-4318
이메일 fandombooks@naver.com
블로그 http://blog.naver.com/fandombooks

등록번호 제25100-2010-154호

ISBN 978-89-94792-89-7 13320